AF815625

Robert Elger

PERMAKULTUR

IMMERWÄHRENDER GARTEN-KALENDER

HEEL

Inhaltsverzeichnis

Permakultur – Der Mensch im Einklang mit der Natur

Ein Garten im Sinne der Permakultur bedeutet mindestens Anbau und Ernte von Gemüse, Obst und Gewürzpflanzen. Hühnerhof und Bienenstöcke liefern außerdem Eier und Honig. Bei einem Permakulturgarten geht es also, wie auch bei einem Nutzgarten wie wir ihn von früher kennen, in erster Linie um die Versorgung mit Nahrungsmitteln.

Ein Ertragsgarten also – aber nicht irgendwie!

Bevor Sie Ihren Permakulturgarten anlegen, müssen Sie sich mit den Themen Boden und Bodenfruchtbarkeit beschäftigen. Dabei geht es hauptsächlich um die im Boden vorhandenen organischen Substanzen in den verschiedenen Stadien der Zersetzung. Grundsätzlich verfügen alle landwirtschaftlichen Nutzflächen durch die jahrtausendealten Kohlenstoffvorkommen über einen natürlichen Gehalt an organischer Substanz. Im Rahmen der Bodenbearbeitung können organische Substanzen aber auch von außen zugeführt werden. Auf einem Boden mit einem hohen Gehalt an organischer Substanz können fast alle Pflanzenarten angebaut werden. Daher ist die Frage nach Beschaffung, Nutzung und Recycling der organischen Substanzen für einen Permakulturgarten von zentraler Bedeutung. Wenn Sie punktuell Kompost, Mist oder Stroh von außen zuführen müssen, sollten Sie sich für deren Beschaffung in Ihrer unmittelbaren Umgebung umschauen. Das ist auch eine gute Gelegenheit, sich in das wirtschaftliche Netz von Region, Stadt oder Dorf einzugliedern.

Abgesehen von den Fragestellungen rund um Ackerbau und Gartenbau, bzw. Landwirtschaft im Fall eines kleinen Bauernhofs, bringt uns die Permakultur auch zum Nachdenken: Wie möchten wir in einer Welt, in der Beziehungen und Bezugspunkte verlorengehen, unser Leben und Zusammenleben gestalten? Für viele ist genau dieser ethische und soziale Aspekt der Permakultur der interessanteste Punkt.

Der menschliche Faktor und das Streben des Menschen nach körperlichem und geistigem Wohlbefinden sind letztendlich für die Gestaltung eines permakulturellen Gartens ausschlaggebend. Die Permakultur mit ihrem stark ökologisch ausgerichteten Ansatz wirft Fragen über uns selbst, unseren Antrieb und unsere Zukunft auf. Die Permakultur als Lebensart und Gartenbaumethode ermöglicht ein Leben im Einklang mit der Natur. Dieses Leben ist zwar von Bescheidenheit und Bodenständigkeit geprägt, bringt uns aber auch Erfüllung und Zufriedenheit.

Die soziale Komponente der Permakultur bringt uns dazu, mit unserem Umfeld in der näheren oder weiteren Umgebung Kontakte zu knüpfen. Wie auch der Nutzgarten aus früheren Zeiten ist der permakulturelle Garten ein Ort der Begegnung und des Austauschs. Er steht für geselliges Zusammensein, aber auch für die Vermittlung von Wissen, für Tauschgeschäfte und Spenden. Er ist ein Bindeglied mit uns selbst und mit anderen. Sie haben viel zu viele Pflaumen und Kirschen? Oder ein Salatbeet, das kurz vor dem Schossen steht? Dann teilen Sie Ihre Ernte doch einfach!

Die Permakultur hat innerhalb weniger Jahre stark an Beliebtheit gewonnen. Nur eine Modeerscheinung? Vielleicht. Sicher ist das aber nicht. Die Permakultur ist vor etwa fünfzig Jahren entstanden und hat sich seitdem kontinuierlich weiterentwickelt. Sie basiert sowohl auf überlieferten Techniken im Gemüseanbau als auch auf aktuellen wissenschaftlichen Erkenntnissen in Ökologie und Agronomie. Damit ist Permakultur zeitlos.

Sie passt sich an die unterschiedlichsten geografischen Lagen an und ist heute weit verbreitet. Es gibt zahlreiche unterschiedliche permakulturelle Initiativen, bei denen aber immer die Grundidee gewahrt bleibt, nämlich den vorhandenen Bestand zu schützen, keine Pflanzenschutzmittel zu verwenden und keinen Müll zu erzeugen. Das beschränkt sich jedoch nicht nur auf unsere Breitengrade! Auch in vielen anderen Ländern werden die kostengünstigen, effizienten und umweltfreundlichen Methoden der Permakultur angewendet.

Der Permakultur-garten

Permakultur – ein Garten oder mehrere Gärten?

Ein Garten nach dem Konzept der Permakultur dient zunächst dem Anbau von Nahrungsmitteln, also Gemüse, Gewürzpflanzen und Obst, aber auch der Erzeugung von Eiern, Honig und Getreide. Dabei dürfen auch Blumen und alles andere, was einen Lebensraum ausmacht, nicht fehlen.

- Ein Permakulturgarten ohne **Gemüseanbau** ist unvorstellbar. Für die Versorgung einer vierköpfigen Familie mit selbstangebautem Gemüse sollte eine Fläche zwischen 200 und 300 m^2 eingeplant werden.

- Der **Kräutergarten** gehört auch unbedingt mit dazu. Für den Anbau von Gewürzpflanzen wird mit einer Fläche von 40 bis 60 m^2 etwas weniger Platz als für den Gemüsegarten benötigt.

- Der **Obstgarten** und die **Obsthecken** liefern Obst, das sofort verzehrt oder weiterverarbeitet (gebacken, eingekocht oder eingemacht) werden kann.

- Der **Ziergarten** mit Blumenbeeten und Rasenfläche ist ein Ort der Begegnung und der Geselligkeit, an dem man sich wohlfühlt.

- Für den **Getreideanbau** wird umso mehr Platz benötigt, je mehr Getreidearten angebaut werden.

- Für die Erzeugung von Eiern werden im **Hühnerhof** Hühner gehalten.

- Die **Bienenstöcke** benötigen wenig Platz. Pro Bienenbeute wird ein Quadratmeter gerechnet.

- Ein kleines **Gewächshaus** mit einer Fläche von 20 m^2 ist für die Vermehrung durch Stecklinge sehr nützlich. Mit einem 45 m^2 großen **Folientunnel** kann eine noch größere Bandbreite an Gemüse angebaut werden.

- Wenn Sie sehr viel Platz haben kann mit einem Teich, Wiesen und kleinen Waldgebieten eine **Naturzone** für die **biologische Vielfalt** eingerichtet werden, die als Übergang zwischen den bestellten Flächen und der unberührten Natur dient und den Permakulturgarten perfekt ergänzt.

Wohin mit den Bienenbeuten?

Die Arbeit an den Bienenstöcken ist jahreszeitenbedingt. Stellen Sie die Bienenstöcke in unmittelbarer Umgebung des Obst- und Gemüsegartens und nicht zu nah am Haus auf. In der heißen Jahreszeit ist es günstig, wenn ein Baum oder ein Wäldchen den Bienen etwas Schatten spendet.

Wohin mit dem Obstgarten?

Im Obstgarten fällt nicht täglich Arbeit an. Am besten legen Sie ihn am Grundstücksrand an, sodass er sich nicht direkt am Wohnhaus befindet.

Wohin mit dem Gewächshaus oder dem Folientunnel?

Der Anbau von Pflanzen im Gewächshaus ist aufwändig. Die Pflanzen müssen gegossen und das Gewächshaus muss gelüftet werden, das heißt die Fenster oder Luken müssen geöffnet und wieder geschlossen werden. Das ist besonders im Frühjahr sehr wichtig. Daher sollten sich das Gewächshaus und der Folientunnel in der Nähe des Wohnhauses befinden.

Wohin mit dem Gemüsegarten?

Im Gemüsegarten fällt von der Aussaat über die Pflanzungen bis hin zur Ernte täglich Arbeit an. Er sollte sich in der Nähe des Wohnhauses befinden. Es ist allerdings nicht erforderlich, dass der Gemüsegarten an das Haus angrenzt.

Wohin mit dem Kräutergarten?

Legen Sie den Kräutergarten in der Nähe des Wohnhauses an, damit Sie ganzjährig jeden Tag Kräuter und Gewürzpflanzen ernten können. Ein guter Platz ist zum Beispiel zwischen Wohnhaus und Gemüsegarten.

Wohin mit dem Getreide?

Für den Getreideanbau wird viel Fläche benötigt. Dafür müssen Sie nicht täglich vor Ort sein. Sie können das Getreide also in einiger Entfernung vom Wohnhaus anbauen.

Wohin mit dem Ziergarten?

Der Ziergarten ist gleichzeitig Lebensraum. Alle Elemente des Ziergartens, also Terrasse, Spielgeräte für Kinder, Rasenfläche und Blumenbeete, sollten einen direkten Zugang zum Wohnhaus haben.

Wohin mit der Naturzone?

Wiesen, ein Teich oder Wäldchen sind sehr pflegeleicht. Unter Umständen ist gar keine Arbeit an der Naturzone erforderlich. Legen Sie die Naturzone daher in den Randgebieten des Gartens an.

Den Garten (um)gestalten

Wenn Sie einen Garten neu anlegen oder umgestalten möchten, dann benötigen Sie in einem ersten Schritt alle wichtigen Eckdaten: Bodenart, Umgebung, Klima und geografische Lage. Daher sollten Sie zunächst einige grundlegende Überlegungen anstellen. Ein Permakulturgarten funktioniert nur dann, wenn Sie in der Lage sind, die Vorzüge Ihres Grundstücks optimal zu nutzen und die Nachteile geschickt zu umgehen. Bevor Sie Ihren Garten planen, müssen Sie entscheiden, welche Elemente Sie sofort oder in naher Zukunft umsetzen möchten.

BESTANDSAUFNAHME … (IHRE BEOBACHTUNGEN)

Oberfläche des Gartens:

....

Klimazone:

....

Wetterinformationen:

Niederschläge:

....

Vorherrschender Wind:

....

Höchsttemperaturen im Sommer:

....

Mindesttemperaturen im Winter:

....

ELEMENTE EINES PERMAKULTURGARTENS

Gemüsegarten .... ja/nein
Kräutergarten.............................. ja/nein
Obstgarten und -hecken .... ja/nein
Getreideanbau .... ja/nein
Ziergarten (Blumenbeete,
Rasenfläche)................................ ja/nein
Hühnerhof .... ja/nein
Bienenstöcke............................ ja/nein
Gewächshaus
oder Folientunnel .... ja/nein
Naturzone .... ja/nein

MEIN PERMAKULTURGARTEN:

Maßstab:

Gemüse, Obst und Gewürzpflanzen aus eigenem Anbau

Im Gemüsegarten

Die Böden in einem Permakulturgarten haben einen hohen Anteil an organischen Substanzen und bieten die besten Voraussetzungen für den Gemüseanbau. Einige Gemüse, wie Karotten und Pastinaken, Radieschen und Rettiche, Spinat, rote Bete, Gartenmelde, Feldsalat, Schnittsalat, Saatzwiebeln, Saubohnen, Erbsen und Bohnen werden direkt ins Freiland ausgesät. Andere, wie die verschiedenen Kohlarten, Knollen- und Staudensellerie, Lauch, Salate und Zichoriengewächse werden in einer Anzuchtplatte ausgesät und anschließend mit Erdballen eingepflanzt. Die Anzucht von Auberginen, Paprika, Tomaten, Zucchini, den verschiedenen Kürbisarten, Gurken und Melonen erfolgt ebenfalls mit Erdballen. Bevor sie ins Freiland gesetzt werden können, müssen sie aber noch einmal zeitweise umgetopft werden. Kartoffeln werden im Frühjahr als Knollen in die Erde eingebracht. Knoblauch, Zwiebeln und Schalotten werden als Zwiebel oder Zehe eingepflanzt.

Die Kulturdauer von Radieschen oder Rucola beträgt nicht länger als acht Wochen. Pastinaken und Lauch haben hingegen eine Kulturdauer von fast 12 Monaten. Die meisten Gemüse werden im Sommer angebaut (Auberginen, Paprika, Tomaten, Zucchini und Gurke). Die winterharten Gemüse (Feldsalat, Lauch, Rosenkohl, Wirsing und Grünkohl) können auch den Winter über draußen bleiben. Artischocken und Spargel sind mehrjährige Gemüsearten. Während die Lebensdauer von Artischocken zwischen zwei und fünf Jahren beträgt, liegt sie bei Spargel bei bis zu 15 Jahren. Am besten entscheiden Sie sich bei Letzterem für grünen oder violetten Spargel, da für diese beiden Arten kein Anhäufeln erforderlich ist.

VARIETÄTEN UND KULTIVARE

Einige Gemüse, insbesondere alte Arten wie knolliger Kälberkropf, Knollenziest oder die Yaconknolle, werden in ihrer botanischen Form angebaut. Die meisten Gemüse sind jedoch als Varietäten oder Kultivare verfügbar. Bei Varietäten handelt es sich in der Regel um alte Arten, die per Zufall entdeckt, ausgewählt und aufgrund ihrer positiven Eigenschaften in Bezug auf Anbau und Nutzung weiterbestehen konnten. Kultivare hingegen sind eine neuere Schöpfung, die im Rahmen von aufeinanderfolgenden Züchtungs- und Kreuzungsprozessen gemäß den Anforderungen des Züchters entstanden sind. Kultivare sind entweder samenfest (das heißt die Vermehrung erfolgt ohne Fremdbestäubung und die Nachzucht ähnelt der Elternpflanze) oder F1-Hybridsorten. Bei F1-Hybridsorten entsteht die Folgegeneration 1 durch die gegenseitige Bestäubung von zwei Varietäten oder samenfesten Kultivaren (in der Nachkommengeneration sind die Merkmale der beiden Elternpflanzen vorhanden).

Im Laufe des Gartenjahres wird entweder die Wurzel, der Trieb, das Blatt, die Frucht oder der Samen bzw. die Blüte der angebauten Pflanze geerntet. Die meisten Gemüse werden sofort nach der Ernte verzehrt. Andere Gemüse, wie Knollensellerie, rote Bete, Kartoffeln oder Winterkürbis müssen in der kalten Jahreszeit vor dem Frost geschützt und zwischengelagert werden. Die Wurzeln von Chicorée und Kapuzinerbart werden zwischen Oktober und April ausgemacht und den Winter über zum Antreiben in einen dunklen Raum gebracht.

■ Ernte ▨ Geschützte Zwischenlagerung

Verfügbarkeit der Gemüse	J	F	M	A	M	J	J	A	S	O	N	D
Wurzelgemüse												
Karotten	■	■	■	■	■	■	■	■	■	■	■	■
Rote Bete	▨	▨	▨	▨			■	■	■	■	▨	▨
Knollensellerie	▨	▨	▨	▨					■	■	▨	▨
Weiße Rübe	▨	▨	▨		■	■				■	▨	▨
Saatzwiebeln					■	■						
Steckzwiebeln	▨	▨	▨	▨			■	■	▨	▨	▨	▨
Kartoffeln	▨	▨	▨	▨	▨	■	■	■	■	▨	▨	▨
Radieschen und Rettiche (Frühjahr)				■	■							
Radieschen und Rettiche (Sommer)						■	■	■				
Radieschen und Rettich (Herbst und Winter)	▨					■	■	■	▨	▨	▨	▨
Stangengemüse												
Spargel				■	■							
Kohlrabi					■		■		■	■	▨	▨
Knollenfenchel						■		■				
Lauch	■	■	■	■				■	■	■	■	■
Rhabarber				■	■							
Blattgemüse												
Staudensellerie								■	■	■	▨	▨
Glatte Sommer- und Winterendivie							■	■	■	■	■	
Krause Sommer- und Winterendivie							■	■	■	■	■	
Rosenkohl	■	■	■	■						■	■	■
Kopfkohl								■	■	■	■	
Wirsing	■	■	■	■						■	■	■
Rotkohl								■	■	■	■	
Gartenkresse									■	■	■	■
Chicorée	■	■	■	■						■	■	■
Spinat	■	■	■	■						■	■	■
Kopfsalat (Frühjahr)				■	■							
Kopfsalat (Sommer)						■	■	■				
Kopfsalat (Herbst)									■	■	■	■

Verfügbarkeit der Gemüse	J	F	M	A	M	J	J	A	S	O	N	D
Schnittsalat					●	●	●	●	●	●		
Feldsalat	●	●	●	●						●	●	●
Löwenzahn				●	●							
Rucola				●	●					●	●	●
Blütengemüse												
Artischocke					●	●		●	●	●		
Brokkoli							●	●	●	●		
Blumenkohl (Sommer und Herbst)							●	●	●	●	●	
Fruchtgemüse												
Aubergine							●	●	●			
Gurke						●	●	●	●			
Verschiedene große Kürbisse	○	○	○	○	○					●	○	○
Moschuskürbis	○	○	○	○	○					●	○	○
Zucchini und Patisson						●	●	●	●	●		
Buschbohnen						●	●	●	●			
Stangenbohnen							●	●	●	●		
Melone								●	●			
Zuckererbsen						●	●					
Paprika							●	●	●			
Tomate							●	●	●			
Samengemüse												
Saubohne						●						
Erbsen						●	●					
Bohnensamen (Buschbohnen)	○	○	○	○	○				●	●	○	○
Bohnensamen (Stangenbohnen)	○	○	○	○	○				●	●	○	○

Im Kräutergarten ...

Kräuter und Gewürze aus dem eigenen Garten sind bei der Zubereitung des eigenen Gemüses nicht wegzudenken. Sie sind außerdem sehr selten von Parasiten befallen. Ihr starker Duft schützt auch die Pflanzen in der unmittelbaren Umgebung des Kräutergartens vor zahlreichen unliebsamen Insekten. Kräuter und Gewürze finden also nicht nur in der Küche Verwendung, sondern bergen auch zahlreiche Vorteile für den Permakulturgarten. Der Anbau verschiedener Kräuter und Gewürzpflanzen ist daher durchaus gerechtfertigt. Ein weiterer Vorteil ist die gute Mischung aus einjährigen, zweijährigen und mehrjährigen Pflanzen, Zwiebelgewächsen und Strauchpflanzen.

Dill, Gartenkresse,Koriander, Echter Kerbel und Petersilienwurzel werden direkt ins Freiland ausgesät. Basilikum, Petersilie (deren Ernte sich meist bis ins Frühjahr des Folgejahres zieht), Majoran oder einjähriges Bohnenkraut sowie Schnittlauch, Melisse, Minze, Oregano und Estragon, Rosmarin, Echter Salbei, die verschiedenen Thymianarten, mehrjähriges Bohnenkraut, Eisenkraut und Lavendel werden in Anzuchtplatten gesät oder durch Stecklinge vermehrt und direkt in Erdballen gesetzt. Wahlweise können sie auch drei bis fünf Wochen lang in einen kleinen Topf gesetzt werden, bevor sie anschließend eingepflanzt werden. Liebstöckel ist eine mehrjährige Gewürzpflanze mit starkem Wachstum. Im Frühjahr reicht eine einfache Wurzelteilung, um diese Pflanze zu vermehren. Knoblauch und Schalotten sind Zwiebelgewächse. Die Zehen werden geteilt und mittels Brutzwiebeln vermehrt. Noch außergewöhnlicher, nämlich mit Wurzelstecklingen, erfolgt die Vermehrung bei dem mehrjährigen Meerrettich. Die große Mehrheit der Kräuter und Gewürzpflanzen sind zwei- oder mehrjährige Pflanzen oder Staudengewächse und winterhart. Einige wenige, wie das Zitronengras aus Madagaskar oder die Zitronenverbene, müssen allerdings im Winter vor Frost geschützt werden.

KRÄUTER UND HEILPFLANZEN

Die heilende Wirkung von Knoblauch ist weithin bekannt (antiseptisch, blutdrucksenkend, blutzuckersenkend, cholesterinsenkend, allgemein anregend und insbesondere kreislaufstärkend, entwässernd, schleimlösend, antibiotisch, pilztötend und keimtötend). Aber auch die meisten anderen Kräuter werden schon lange als Heilkräuter genutzt. Auch heute noch werden mit einer einfachen Knoblauchzehe die Triglyzerid- und Cholesterin-Werte gesenkt. Durch die blutverdünnenden und aggregationshemmenden Eigenschaften beugt Knoblauch außerdem Erkrankungen des Herz-Kreislauf-Systems vor.

Ernte
Geschützte Zwischenlagerung
Konservierung durch Trocknung
Verfügbarkeit der Kräuter
J F M A M J J A S O N D
Knoblauch
Dill
Basilikum (verschiedene Arten)
Echter Kerbel
Schnittlauch
Zitronengras von Madagaskar
Koriander (Blätter)
Koriander (Samen)
Gartenkresse
Schalotten
Estragon
Eisenkraut
Echter Lorbeer
Echter Lavendel
Liebstöckel
Majoran
Melisse
Minze
Oregano
Glatte Petersilie
Krause Petersilie
Piment
Meerrettich
Rosmarin
Einjähriges und mehrjähriges Bohnenkraut
Echter Salbei und Salbei-Kultivare
Sand-Thymian
Stevia
Echter Thymian und Thymian-Kultivare
Zitronenverbene

Im Obstgarten

Mit einem Permakultur-Obstgarten können Sie vom Frühjahr bis zum Herbstende frisches Obst ernten. Die meisten Früchte werden sofort nach der Ernte verzehrt. Andere werden eingelagert. Bei Apfel- und Birnbäumen gibt es zahlreiche Varietäten, die sich in Bezug auf die Lagerfähigkeit unterscheiden. Einige werden im Oktober geerntet und können im Keller oder in einer Obstkammer bis in den Winter hinein gelagert werden. Andere halten sich sogar bis zum Frühlingsanfang.

Große Steinobstbäume wie Aprikosen-, Pflaumen- und Kirschbäume werden mit einem Pfahl gesichert. Früher oder später überschreiten Steinobstbäume eine Höhe von acht Metern. Sie können gut als Obstbaumgarten oder Obstplantage in Randlage des Gartens angepflanzt werden. Kleinere Obstbäume wie Quitten, Feigen und Pfirsichbäume werden in gemischten Obsthecken angepflanzt. Bei der Veredelung von Apfel- und Birnbäumen kann die Größe der Pflanze durch die Verwendung von Unterlagen unterschiedlicher Stärke (zum Beispiel für Obstbaumgärten oder Obstplantagen) angepasst werden. Für einen kleinen Permakulturgarten eignen sich für den Anbau von Äpfeln, Pflaumen und Kirschen besonders Zwergobst- und Säulenobstbäume sehr gut.

Am Rand des Gemüsegartens ist Platz für Obststräucher mit kleinen Früchten, wie Himbeeren, rote und schwarze Johannisbeeren oder Stachelbeeren. Tafeltrauben, Brombeeren oder Kiwi müssen mit einer Halterung, einer Laube, einem Gitter oder einem Draht befestigt werden. Abgesehen von einigen anfälligen Arten, wie Wein, Feigen und Kiwi, deren Jungpflanzen kälteempfindlich sind und die vorzugsweise im März gepflanzt werden, können Obstbäume und Obststräucher im Allgemeinen im Oktober oder November eingesetzt werden.

Die große Mehrheit der Pflanzen schätzt es sehr, wenn sie geschnitten werden. In manchen Fällen ist der Schnitt sogar mehr oder weniger unausweichlich. In jedem Fall sollten Sie Ihre Obstbäume lieber öfter ein wenig zurückschneiden, als die Bäume weniger häufig, dafür aber stark zurückzuschneiden. In den ersten drei bis fünf Jahren dient der Schnitt der Regulierung des Wachstums. Nur so gelangen genügend Luft und Licht an das Astwerk. Danach wird durch den Schnitt sichergestellt, dass die fruchttragenden Organe des Baums sich erneuern und dadurch der Ertrag langfristig gesichert wird.

OBSTBAUMWALD UND OBST- UND GEMÜSEGARTEN

Die Agroforstwirtschaft ist ein altes Konzept für den gemeinsamen Anbau von mehrjährigen Pflanzen und kurzlebigen, pflegeleichten Pflanzen. Nach unterschiedlichen Verfahren werden so zum Beispiel Obstbäume, Wein und einige mehrjährige Gemüse mit langer Lebensdauer, zum Beispiel Spargel und Rhabarber, mit Salaten oder Kohl kombiniert.
In einigen Gärten werden nur Obstbäume und -sträucher in einem Obstbaumwald zusammengefasst. In Obst- und Gemüsegärten finden Sie sowohl Gemüse, als auch Gewürzpflanzen und Obstbäume.

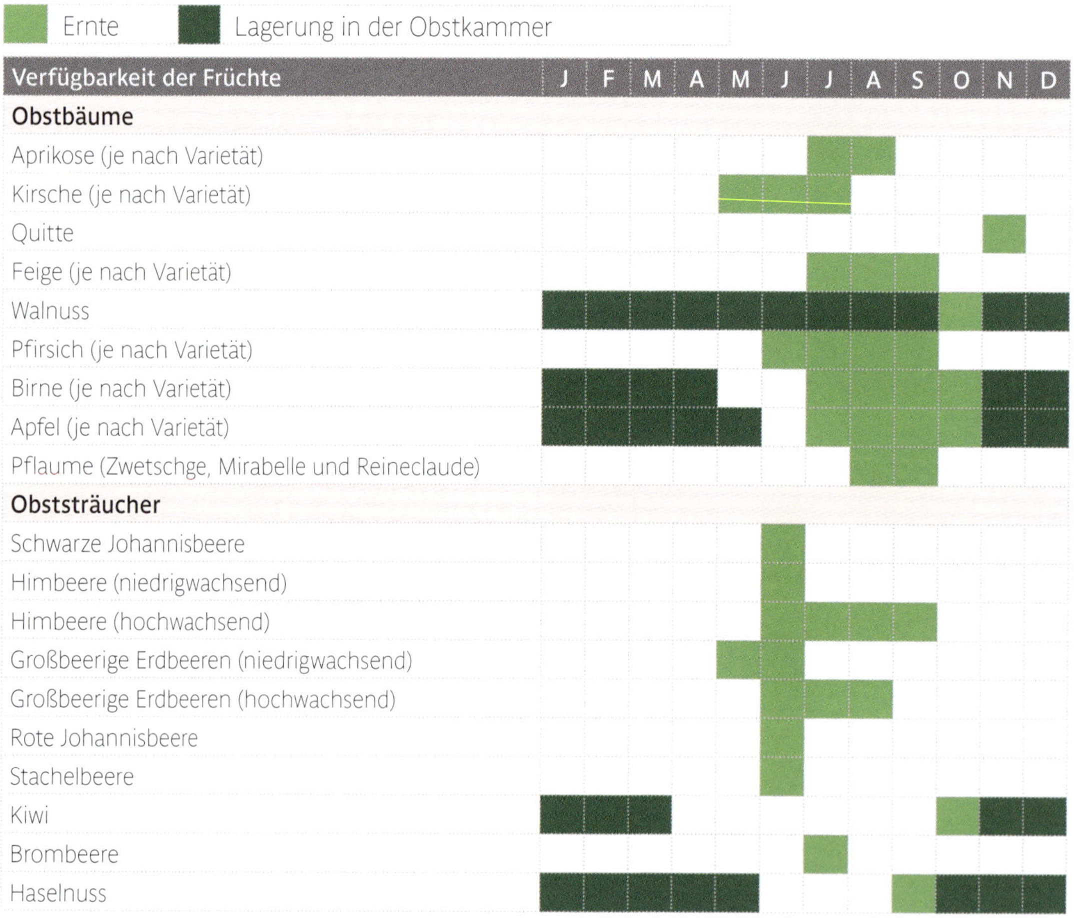

Das Einmaleins der Permakultur

Die Bodenabdeckung

Die agronomische Dynamik eines Permakulturgartens wird sichergestellt, indem zwei oder mehrere Male pro Jahr eine dicke Schicht aus organischen Substanzen ausgebracht wird. Normalerweise geschieht dies mit einer ersten Schicht im Juni (also nach den Pflanzungen im Gemüsegarten im Mai) und einer zweiten im Herbst (nachdem die Sommerpflanzen am Ende ihrer Anbauphase ausgemacht wurden). Die organischen Substanzen der Bodenabdeckung verbinden sich mit den Makro- und Mikroorganismen des Bodens und reichern diesen dank der Mineralisation auf natürliche Art mit Nährstoffen an. Außerdem verhindert die ausgebrachte Schicht teilweise oder vollständig das Aufkommen von Unkraut und den Wasserverlust durch Verdunstung. Die organische Bodenabdeckung ist damit eine praktische Antwort auf vier große Fragestellungen im Gartenbau: die Bodenbearbeitung, die Nährstoffversorgung, die Unkrautbeseitigung und die Wasserversorgung.

Der eigene Kompost

Für die Bodenabdeckung ist der eigene Kompost aus organischen Substanzen eine sehr beliebte Lösung. Er besteht aus Küchenabfällen, Rasen- und Baumschnitt oder Herbstlaub, das bei Gartenarbeiten abfällt. Je nach Kompostierverfahren und verwendeten Materialien ändert sich auch die Qualität des Komposts. Am besten ist eine Mischung aus organischen Substanzen mit einem hohen Kohlenstoffanteil (Stroh, Laub, dünne oder zerkleinerte Zweige) oder Stickstoffanteil (Rasenschnitt, Küchenabfälle oder stroharmer Mist).

HAUFEN- ODER OBERFLÄCHENKOMPOSTIERUNG

Bei der Haufenkompostierung werden die organischen Substanzen einem ersten Zersetzungsprozess unterzogen, bevor sie im Garten ausgebracht werden. Bei der Oberflächenkompostierung werden die organischen Substanzen direkt auf den Boden ausgebracht und in die biologischen Prozesse des Bodens aufgenommen. Bei dieser Form der Kompostierung fällt sehr wenig Arbeit an. Gleichzeitig geht wenig Kohlenstoff verloren. Daher ist die Oberflächenkompostierung der Haufenkompostierung wenn möglich vorzuziehen.

Beschaffung der Bodenabdeckung

Die organischen Substanzen bringen dem Permakulturgarten nur dann etwas, wenn sie in ausreichender Menge vorhanden sind. Da größere Mengen erforderlich sind, sind das Recycling organischer Abfälle und die Erzeugung von Kompost vor Ort nicht immer ausreichend. In diesen Fällen müssen Sie die organischen Substanzen anderweitig beschaffen.

- **In professionellen Kompostierungsanlagen** werden organische Abfälle von Gartenbauunternehmen, Gebietskörperschaften und Privatpersonen recycelt und wiederverwertet. Der dort erzeugte, eher grobe Kompost lässt sich gut im Garten ausbringen und wird zum Teil auch angeliefert.

- **Auf einem Misthaufen** werden die Ausscheidungen von Tieren mit Einstreu, meistens Stroh, vermischt. Vor allem im Umland größerer Städte ist es nicht einfach, Mist zu finden. Reiterhöfe oder Pferdepensionen sind eine gute Bezugsquelle. Der Stallmist kann direkt verwendet werden. Es wird jedoch empfohlen, ihn einige Wochen bis mehrere Monate vor der Nutzung ruhen zu lassen.

- **Stroh** hat einen hohen Zellulose-, aber einen niedrigen Stickstoffanteil und ist damit keine Ideallösung. Das gilt insbesondere für Gärten, in denen die Permakultur gerade erst eingeführt wurde. Stroh ist dennoch eine praktische Lösung, die sich besonders für Gärten eignet, die nur schwer zugänglich sind. Kleine Strohballen (von einem Meter Länge, 50 cm Breite und 40 cm Höhe) kosten nicht viel und lassen sich leicht transportieren und handhaben. Als Abdeckung für Gärten mit Nachtschattengewächsen, Kürbisgewächsen und Erdbeeren hält Stroh den Boden kühl. Im Laufe der Zersetzung setzt es außerdem wichtige Nährstoffe frei.

- **Häckselgut** zersetzt sich nur langsam und eignet sich daher weniger für den Gemüsegarten. Dafür ist Häckselgut eine sehr gute Bodenabdeckung für den mehrjährigen Anbau von Obstbäumen und -sträuchern. Frisch gehäckselte Laubbaumzweige regen die mikrobielle Aktivität des Bodens an, insbesondere die der stickstoffbindenden Bakterien. Gleichzeitig verhindert die Bodenabdeckung den Wasserverlust durch Verdunstung.

Regenwasser zur Bewässerung

Ein Permakulturgarten hat keinen hohen Wasserbedarf. Es gibt keine Oberflächen ohne Abdeckung, die durch Verdunstung Wasser abgeben. Trotzdem benötigen Sie Wasser im Garten, zum Beispiel um Sämlinge oder frisch umgetopfte oder pikierte Pflanzen zu gießen.

Das Gießwasser wird vor Ort gewonnen, indem, wenn vorhanden, Grundwasser abgepumpt wird oder Regenwasser in Regentonnen gesammelt und gelagert wird. Regenwasser kann überall gewonnen werden, nur die Menge und Häufigkeit der Niederschläge sind variabel. Für das Sammeln von Regenwasser brauchen Sie einen Dachrinnenablauf und Behälter (mit einem Fassungsvermögen von bis zu 500 Litern), die gegebenenfalls in Reihe geschaltet werden. Regenwasser ist gut belüftet und enthält nur wenig Kalk. Damit eignet es sich hervorragend zur Bewässerung. Die Verfügbarkeit steht jedoch im umgekehrten Verhältnis zum Bedarf. Im Sommer sind die Behälter meist leer, während der Bedarf zu dieser Jahreszeit sehr hoch ist.

Die eigene Pflanzenzucht

Mit einer eigenen Pflanzenzucht sind Sie in Ihrem Garten nach dem Konzept der Permakultur autonom. Gemüse und Gewürzpflanzen, die als Pflanzen mit Erdballen (zum Beispiel Salat, Kohl oder Sellerie) oder im Topf (Tomaten, Auberginen, Paprika, Zucchini oder Gurken) verkauft werden, können zu niedrigeren Kosten selber gezogen werden. Dabei gehen Sie genauso vor wie die professionellen Erzeuger.

Für die eigene Anzucht von Gemüse und der meisten Gewürzpflanzen benötigen Sie eine Anzuchtplatte. Bei größeren Samen mit schneller Keimung erfolgt die Aussaat direkt in einen Topf.

Mitte Mai ist für die meisten Frühlingsgemüse Stichtag. Dann muss die Jungpflanze so weit sein, dass sie eingepflanzt werden kann (frühen Salatsorten machen die letzten kühlen Tage im April nichts aus, sie können daher schon vier bis sechs Wochen vorher eingepflanzt werden). Anhand der gewünschten Verfügbarkeit wird der Zeitplan für die geschützte Aussaat erstellt. In sechs bis acht Wochen ist der junge Salat oder Kohl so weit, dass er in den Gemüsegarten gepflanzt werden kann. Gleiches gilt für Zucchini und andere Kürbisgewächse. Für Tomaten, Auberginen und Paprika müssen Sie zwei bis drei Monate rechnen.

Salat, Zichoriengewächse und Kohl können, nach einer kurzen Phase der Akklimatisierung, direkt ins Freiland gepflanzt werden. Die Erdballen für die Anzucht von Tomaten, Auberginen, Paprika, Kürbissen, Gurken oder Melonen müssen hingegen ein- bis zweimal umgetopft werden, bevor sie ins Freiland eingepflanzt werden können. Umgetopfte Pflanzen haben dieselben Bedürfnisse wie die Sämlinge aus der Anzuchtplatte und benötigen ähnliche Anbaubedingungen.

AUSSAAT IN ANZUCHTPLATTEN

Die Aussaat von Gemüse und Gewürzpflanzen erfolgt in Anzuchtplatten. Die Vorgehensweise ist für alle Arten dieselbe und unterscheidet sich nur in Einzelheiten, zum Beispiel in Bezug auf die Anzahl der Samen pro Töpfchen, die Saattiefe und das Ausdünnen.

1. Füllen Sie die Anzuchtplatte mit humoser Erde und glätten Sie die Oberfläche mit der Hand oder mit einem Stöckchen. Drücken Sie die Erde etwas an.
2. Geben Sie je nach Art einen oder mehrere Samen in jedes Töpfchen. Bedecken Sie die kleineren Samen mithilfe eines Siebs mit einer dünnen Schicht Erde und drücken Sie die größeren Samen mithilfe eines Stöckchens oder eines Bleistifts je tiefer ein, desto größer der Samen ist.
3. Drücken Sie die Erde mit der Hand oder einem Werkzeug an und besprühen Sie die Aussaat mit etwas Wasser.

Je nach Art des Samens und der Umgebungstemperatur erfolgt die Keimung zwischen drei und 15 Tagen nach der Aussaat. Sobald die jungen Wurzeln das Töpfchen komplett ausfüllen, kann die Jungpflanze umgetopft oder gepflanzt werden.

Geschützte Aussaat mit Anzuchtplatte | Umtopfen im Gewächshaus | Pflanzung

Eigene Pflanzenzucht	J	F	M	A	M	J	J	A	S	O	N	D
Gemüse												
Artischocke			Geschützte Aussaat	Umtopfen	Pflanzung							
Aubergine			Geschützte Aussaat	Umtopfen	Pflanzung							
Knollen- und Staudensellerie			Geschützte Aussaat		Pflanzung							
Sommerendivie				Geschützte Aussaat	Pflanzung	Geschützte Aussaat	Pflanzung					
Herbstendivie								Geschützte Aussaat	Pflanzung			
Sommerkohl			Geschützte Aussaat		Pflanzung							
Herbst- und Winterkohl				Geschützte Aussaat		Pflanzung						
Gurke*				Geschützte Aussaat	Pflanzung							
Kürbisgewächse*				Geschützte Aussaat	Pflanzung							
Zucchini* und Patisson				Geschützte Aussaat	Pflanzung							
Knollenfenchel					Geschützte Aussaat	Pflanzung	Geschützte Aussaat	Pflanzung				
Salat (Frühjahr)		Geschützte Aussaat	Pflanzung	Geschützte Aussaat	Pflanzung							
Salat (Sommer)					Geschützte Aussaat	Pflanzung	Geschützte Aussaat	Pflanzung				
Salat (Herbst)								Geschützte Aussaat	Pflanzung			
Zuckermais			Geschützte Aussaat	Pflanzung								
Melone				Geschützte Aussaat	Umtopfen	Pflanzung						

* Gurken, Kürbisgewächse und Zucchini können vor dem Einpflanzen für eine Dauer von etwa 15 Tagen umgetopft werden.

Eigene Pflanzenzucht	J	F	M	A	M	J	J	A	S	O	N	D
Paprika												
Tomate												
Gewürzpflanzen												
Basilikum (verschiedene Arten)												
Eisenkraut												
Majoran												
Petersilie (glatt und kraus)												
Piment												
Mehrjähriges Bohnenkraut												

Die Veredelung von Obstbäumen

Bei einer großen Mehrheit der Obstbäume können bei einer erneuten Aussaat des Samens nicht alle Eigenschaften beibehalten werden. Nur mit einer so genannten Veredelung erhalten Sie die gewünschte Varietät des Obstbaums. Diese Technik der Vermehrung wird meist komplizierter dargestellt, als sie ist. Dabei kann jeder Gärtner mit etwas Geschick diese Methode anwenden. Bei der Veredelung wird eine Verbindung zwischen einem Edelreis des zu vermehrenden Obstbaums – mit einem Auge bzw. einem Trieb mit einem bis drei Augen – und einer Unterlage herbeigeführt. Der Edelreis trägt später die gewünschten Früchte und die Unterlage verleiht dem neuen Obstbaum die „technischen" Eigenschaften (mehr oder weniger ausgeprägte Wachstumskraft, Robustheit, Anpassungsfähigkeit an den Boden und manchmal auch Widerstandsfähigkeit gegen bestimmte Parasiten).

Veredeln durch Okulieren

Die Veredelung durch Okulation wird sowohl bei Kern- als auch bei Steinobstbäumen angewendet. Die Okulation mit ruhendem Auge (bei der das Auge erst im Jahr nach der Okulation austreibt) ist die einfachste Methode der Veredelung. Der beste Zeitpunkt dafür ist zwischen Mitte Juli und September. Die Zweige der zu vermehrenden Varietät sind dann bereits leicht verholzt. Die Unterlage steht aber noch im Saft. Lösen Sie das Edelauge mithilfe der Klinge des Okuliermessers und schieben Sie es unter die Rinde der Unterlage, wo Sie vorher mit dem Okuliermesser einen T-Schnitt vorgenommen haben. Fixieren Sie das Ganze (früher wurde dafür meist ein Bastband verwendet, heutzutage wird ein Plastikband oder ein Gummiplättchen mit einer Metallklammer benutzt).

Veredeln durch Pfropfen

Das Veredeln durch Pfropfen wird vor allem für Kernobstbäume verwendet (Apfel-, Birn- und Quittenbäume). Eher seltener wird diese Methode bei Steinobstbäumen angewendet (Pflaumen-, Aprikosen- und Kirschbäume). Der Edelreis des zu vermehrenden Baums wird unter den vorhandenen Trieben ausgewählt. Er wird im Winter geschnitten und kühl aufbewahrt (in der Regel wird er an einem nach Norden zeigenden Ort eingeschlagen). Das Pfropfen selbst wird im April vorgenommen. Zu diesem Zeitpunkt pausiert das Wachstum des Edelreises und die Unterlage schlägt gerade erst aus. An der Unterlage wird mit dem Pfropfmesser ein Schnitt in V-Form vorgenommen. An dieser Stelle wird der Edelreis angesetzt. Anschließend wird die Stelle mit einem Bastband fixiert und mit Pfropfmasse bedeckt. Zwei bis drei Wochen nach dem Pfropfen beginnt der gepfropfte Baum auszutreiben.

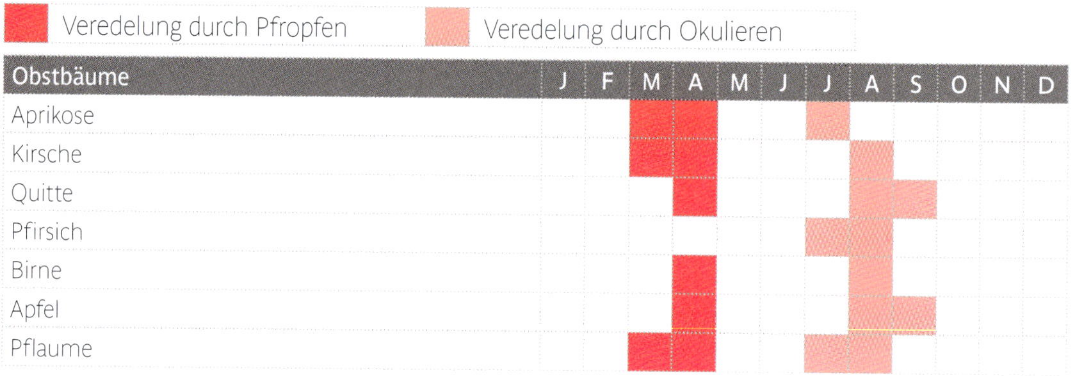

Vermehrung von Obststräuchern durch Stecklinge

Die Vermehrung durch Stecklinge ist eine andere Methode für die Beschaffung von neuen Obstgehölzen. Dabei wird ein Stück eines Zweiges entnommen, in manchen Fällen auch ein Stück einer Wurzel oder eines Blatts. Nachdem der Steckling neue Wurzeln gezogen hat wird er eingepflanzt. Diese Methode wird hauptsächlich für die Vermehrung von aromatischen Sträuchern, wie Thymian, Rosmarin oder Salbei, sowie für Obststräucher oder Ziersträucher verwendet. Mit dieser kostengünstigen Methode der Vermehrung können neue Varietäten und Sorten im Garten gepflanzt werden. Je nach Zeitpunkt, zu dem die Stecklinge geschnitten werden, sind diese bereits leicht (Juli oder August) oder stark verholzt (November bis Januar). Bei der Vermehrung von Feigenbäumen werden die besten Ergebnisse erzielt, wenn bei Vegetationsbeginn kurze verholzte Stecklinge geschnitten werden.

Je nach Pflanzenart ist die Fähigkeit für das Austreiben neuer Sprosse unterschiedlich stark ausgeprägt. Bei Kiwis, Brombeeren und Himbeeren, die nur schwer neue Wurzeln bilden, sollte eine Vermehrung durch Absenker bevorzugt werden (dabei werden die Pflanzen erst dann von der Mutterpflanze getrennt, wenn die ersten Wurzeln vorhanden sind). Erdbeeren werden mit Ausläufern vermehrt, die im Sommer an den Stolonen wachsen.

Legende: Stecklinge (wenig verholzt) · Stecklinge (stark verholzt) · Ausläufer

Obststräucher	J	F	M	A	M	J	J	A	S	O	N	D
Schwarze Johannisbeere	Stecklinge (stark verholzt)						Stecklinge (wenig verholzt)	Stecklinge (wenig verholzt)			Stecklinge (stark verholzt)	Stecklinge (stark verholzt)
Feige				Stecklinge (stark verholzt)								
Himbeere*		Ausläufer	Ausläufer									
Großbeerige Erdbeere							Ausläufer	Ausläufer				
Rote Johannisbeere	Stecklinge (stark verholzt)						Stecklinge (wenig verholzt)	Stecklinge (wenig verholzt)			Stecklinge (stark verholzt)	Stecklinge (stark verholzt)
Stachelbeere							Stecklinge (wenig verholzt)	Stecklinge (wenig verholzt)				
Kiwi**				Ausläufer	Ausläufer	Ausläufer						
Brombeere								Ausläufer	Ausläufer	Ausläufer		
Haselnuss**				Ausläufer	Ausläufer	Ausläufer						

* Vermehrung durch Ausläufer ** Mit Entwöhnung im Herbst

Blumen ... zum Essen

Auch Blumen haben einen Platz im Permakulturgarten. Der Ziergarten ist sogar wahrscheinlich der Bereich im Garten, in dem der Unterschied zwischen einem Permakulturgarten und einem gewöhnlichen Garten auf den ersten Blick am größten ist. Es gibt dort nämlich bevorzugt essbare Blumen. Je nach Art werden die Blumen direkt ins Freiland gesät oder in eine Anzuchtplatte gesät und anschließend pikiert. Der Lebenszyklus dieser Blumen ist manchmal sehr kurz. Dann kann es innerhalb einer Saison zwei oder sogar mehrere Aussaaten geben. Wenn Sie die Blumen in Samen schießen lassen, dann werden sich einige Pflanzen, wie Gurkenkraut, mehrjähriger Fenchel oder Gänseblümchen akklimatisieren und in Ihrem Garten von selbst nachwachsen, ohne dass eine erneute Aussaat erforderlich ist.

Legende: Aussaat im Freiland · Aussaat in Anzuchtplatte · Pflanzung · Ernte

Essbare Blumen	J	F	M	A	M	J	J	A	S	O	N	D
Gurkenkraut				Aussaat im Freiland	Ernte	Aussaat im Freiland	Ernte	Aussaat im Freiland	Ernte			
Kornblume			Aussaat in Anzuchtplatte		Pflanzung	Aussaat im Freiland	Ernte	Ernte	Ernte			
Kapuzinerkresse			Aussaat in Anzuchtplatte	Aussaat im Freiland	Pflanzung	Ernte	Ernte	Ernte	Ernte			
Kosmeen				Aussaat im Freiland		Ernte	Ernte	Ernte				
Essbare Chrysantheme				Aussaat im Freiland	Ernte	Aussaat im Freiland	Ernte	Aussaat im Freiland	Ernte			
Mehrjähriger Fenchel				Aussaat in Anzuchtplatte	Pflanzung	Aussaat im Freiland		Ernte				
Feuerbohne					Aussaat im Freiland		Ernte	Ernte				
Studentenblume und Tagetes			Aussaat in Anzuchtplatte	Pflanzung	Aussaat im Freiland	Ernte	Ernte	Ernte	Ernte			
Gänseblümchen				Ernte	Ernte	Aussaat in Anzuchtplatte	Aussaat in Anzuchtplatte		Pflanzung	Ernte		
Stiefmütterchen und Veilchen				Ernte	Ernte	Aussaat in Anzuchtplatte	Aussaat in Anzuchtplatte		Pflanzung	Ernte		
Ringelblume			Aussaat in Anzuchtplatte	Pflanzung	Aussaat im Freiland	Ernte	Aussaat im Freiland	Ernte	Ernte			

Blumen als Lockstoffe für Insekten

In einem Permakulturgarten gibt es eine vielfältige Insektenfauna. Diese ist im Allgemeinen sehr unauffällig und setzt sich aus Bestäuberinsekten und Nützlingen zusammen, die hier Nahrung (Blütenstaub und Nektar), Wasser und einen Ort finden, an dem sie vor Hitze im Sommer, Kälte im Winter sowie ihren natürlichen Feinden geschützt sind und Fortpflanzung möglich ist.

DIE MISCHUNG MACHT'S

Nützlinge sind eine wichtige Unterstützung im Kampf gegen Schädlinge, wie Blattläuse und Spinnmilben. Sie sind so unauffällig wie effizient. Bei Nützlingen handelt es sich sowohl um räuberische Insekten (die sich von Insektenschädlingen ernähren) als auch um Bestäuberinsekten (die die Blumen befruchten), parasitäre Insekten (die für den eigenen Entwicklungszyklus ein anderes Insekt als Wirt benötigen) oder detritivore Insekten (die sich von organischen Abfällen ernähren). Mit einer passenden Blütenmischung locken Sie genau diese Insekten in Ihren Garten.

- **Bienenfreundliche Blumenmischungen** umfassen Saatgut für nektarreiche Pflanzen, wie einjährige Steinkräuter, Basilikum, Wunderblume, Flockenblume, Saat-Wucherblume, einjährige Lupine, Melisse, Rade, chinesische Nelke, Phazelie, Duftreseda und Feuersalbei.
- In **Blumenmischungen, die Nützlinge anlocken**, sind Pflanzen wie Basilikum, Kornblume, einjähriges Mädchenauge, Koriander, Eisenkraut, Salbei, Ringelblume und Rainfarn enthalten.
- **Blumenmischungen für Schmetterlinge** setzen sich aus Blumen wie Schafgarbenkraut, Dill, Wunderblume, Wiesen-Flockenblume, Mädchenauge, Kosmos, Fingerhut, Goldlack, Bartnelke, Nachtkerzen, Phazelie und gewöhnlichem Natternkopf zusammen.

Anstatt mit Eiern oder Larven aus dem Gartenmarkt exotische Insekten im eigenen Garten anzusiedeln, sollten mit ausgewählten Blumen vielmehr die Nützlinge angelockt werden, die in der eigenen Region sowieso vorhanden sind. Die Blumen werden als Mischung in Form einer Buntbrache oder einer Blumenwiese direkt ins Freiland ausgesät.

Die besten Blumen, um Insekten anzulocken

Schafgarbe (verschiedene Arten)
Dill
Balsaminengewächse
Windengewächse
Glockenblumen (verschiedene Arten)
Kapuzinerkresse
Flockenblumen (verschiedene Arten)
Bunte Wucherblume
Clarkie
Kronen-Lichtnelke
Kosmos
Einjähriges Mädchenauge
Fingerhut
Sommerazalee
Sonnenbraut
Sonnenwurzel
Prunkwinde
Graue Meerviole
Prachtscharten
Einjährige Lupine
Malvengewächse
Jungfer im Grünen
Studentenblume
Nachtkerzengewächse
Duftende Platterbse
Rudbeckien
Blutweiderich
Wiesensalbei
Sonnenblume
Rosenklee
Baldriangewächse
Zinnien

DIE SYSTEMATISCHE BODENABDECKUNG

Die ständige Bodenabdeckung unterscheidet einen Permakulturgarten schon rein optisch von einem herkömmlich angelegten Garten. Ob gehäckseltes Stroh, Strohmist oder Kompost in den unterschiedlichsten Formen – die meisten organischen Substanzen eignen sich als Bodenabdeckung. Die Dicke der aufgebrachten Schicht hängt von der angebauten Pflanze ab. Für alle Pflanzen gilt aber gleichermaßen, dass sie unter der Bodenabdeckung sehr gut wachsen. Die erste Schicht wird im Juni und die zweite Schicht im Herbst ausgebracht.

1. Im Frühjahr ist die im Herbst des Vorjahres ausgebrachte Schicht zu einem groben humushaltigen Nährboden geworden. Während Aussaat und Pflanzungen von März bis Mai wird dieser Nährboden beseitigt und anschließend wieder ausgebracht. In den Folgemonaten verbindet sich diese Schicht dann mit dem darunterliegenden Boden. Da die ständige Bodenabdeckung ein fester Bestandteil des Permakulturansatzes ist, muss bereits im Juni, nach Abschluss der Arbeiten im Frühjahr, eine neue Schicht ausgebracht werden.
2. Je höher die angebaute Pflanze ist, desto dicker muss die Abdeckung aus Stroh, Kompost oder Strohmist sein. Für Salate, Zichoriengewächse oder Kohl sollte die Abdeckung zum Beispiel nicht dicker als drei bis fünf cm sein, während die Schicht bei Tomaten, Auberginen, Paprika und verschiedenen Kürbisgewächsen bis zu 20 cm dick sein kann. Die Abdeckung verändert sich im Sommer nur wenig. Mit den ersten Regenfällen im Herbst beginnt aber recht schnell die Zersetzung.
3. Wenn die Anbauphase von Tomaten und Herbstgemüse im Oktober zu Ende geht und die Pflanzen ausgemacht werden, wird der Boden mit einer neuen Schicht bedeckt. Die Bodenabdeckung wird auf den Boden ausgebracht. Drücken Sie diese nicht fest. Sie sollte luftig und leicht auf dem Boden aufliegen. Trockenes Stroh kann vorsichtig mit den Füßen festgedrückt werden. Wenn Sie jedes Jahr zwei Mal eine neue Bodenabdeckung ausbringen, erhalten Sie nach wenigen Jahren einen klumpigen und weichen Boden, den Sie ganz leicht bearbeiten können.

Ein Getreidefeld

Getreide ist historisch gesehen die Grundlage für die Ernährung des Menschen. Unter etwa zehn angebauten Arten eignen sich nur die glutenhaltigen Getreidearten wie Roggen oder Weizen für die Herstellung von Brot. Die anderen Getreidearten werden in Eintöpfen oder zusammen mit grünem Gemüse, Trockengemüse, Fleisch oder Speck verzehrt. Außerdem ist Getreide auch ein Bestandteil der Futtermittel für Tiere, insbesondere der Hühner im eigenen Hühnerhof. Vor allem Futtermais wird als Futtermittel für Tiere verwendet (im Gegensatz zum Zuckermais, der als Gemüse angebaut wird). Weizen, Hafer und Gerste sind Selbstbefruchter. Somit können Sie die geernteten Körner immer wieder aussäen. Dabei behalten die verschiedenen Varietäten ihre Eigenschaften bei.

In einem Permakulturgarten wird das Getreide wie Gemüse angebaut. Allerdings benötigen Sie eine speziell abgesteckte Fläche. Bei der Aussaat von zweijährigen Getreidearten im Herbst muss der Boden zunächst mit einer Doppelgrabegabel gelöst und mit den Zinken grob aufgelockert werden. Dann werden in einem Abstand von etwa 20 Zentimetern zwei bis drei Zentimeter tiefe Furchen gezogen. Geben Sie die Körner in die Furchen und bedecken Sie diese anschließend mithilfe einer Harke mit einer etwa zwei Zentimeter dicken Schicht Erde, die Sie mit einer Walze etwas andrücken. Breiten Sie darauf eine

Bodenabdeckung aus organischen Substanzen aus. Die Schicht sollte nicht dicker als drei Zentimeter sein, um das Auftreten von Unkraut zu verringern und den Boden kühl zu halten.

Die Aussaat von einjährigem Getreide im Frühjahr erfolgt vorzugsweise auch in Reihen. Vorher wird die im Herbst des Vorjahres ausgebrachte Bodenabdeckung weggeschoben. Nach der Aussaat wird die Bodenabdeckung wieder ausgebracht. Für Getreide ist die Aussaat in Reihen zwar am praktischsten, Sie können aber auch jeweils fünf bis sieben Körner in einem Abstand von 15 bis 20 Zentimetern in ein Loch geben.

Aussaat ins Freiland | Ernte

Getreide	Verwendung	J	F	M	A	M	J	J	A	S	O	N	D
Hafer	Bratlinge, Kuchen, Porridge			Aussaat					Ernte				
Weichweizen	Brot, Kekse, Kuchen							Ernte		Aussaat	Aussaat		
Hartweizen	Nudeln, Grieß, trockene Kuchen							Ernte		Aussaat	Aussaat		
Dinkel	Siehe Weichweizen							Ernte			Aussaat		
Mais	Galettes				Aussaat	Aussaat					Ernte		
Hirse	Brei, Galettes, Brot					Aussaat	Aussaat			Ernte			
Gerste	Bier und fermentierte Getränke							Ernte			Aussaat		
Quinoa	Grieß				Aussaat				Ernte				
Buchweizen	Crêpes, Galettes					Aussaat				Ernte			
Roggen	Verschiedene Brot- und Kuchensorten							Ernte		Aussaat	Aussaat		
Sorghum	Kekse, Galettes, Krapfen					Aussaat				Ernte			
Triticale	Brot, Nudeln, Crêpes, Kuchen							Ernte			Aussaat		

Gründünger

Ein Gründünger verhindert, dass Brachland unbepflanzt bleibt und Unkraut entsteht. Gleichzeitig wird der Boden mit Nährstoffen versorgt. Mit einem Gründünger erzeugen Sie selbst einen Teil oder sogar die komplette pflanzliche Biomasse, die Sie in Ihrem Garten benötigen. Häufig sorgt eine kräftige Verwurzelung der Gründüngungspflanzen dafür, dass die landwirtschaftliche Struktur des Bodens verbessert wird. Am Ende der Anbauphase werden die Pflanzen ausgemacht, eventuell gehäckselt und entweder kompostiert oder direkt als Bodenabdeckung ausgebracht. Die Gründüngungspflanzen wachsen schnell und werden vor dem Anlegen des Gemüsegartens im Frühjahr oder im Herbst ausgesät, seltener dazwischen.

Der erste Gründünger im Gartenjahr ist der **Frühjahrsgründünger**, der nach der Ernte des winterharten Gemüses im Wintergemüsegarten (mit Rosenkohl, Wirsing und Lauch) ausgesät wird. Das geschieht noch bevor die Kartoffeln im April und die Tomaten, Auberginen, Paprika und Gurken im Mai gepflanzt werden.

Der **Sommergründünger** folgt auf das Gemüse, das gegen Ende des Frühjahrs geerntet wird (erste Salate, Frühlingsradieschen und -rettiche, Frühkarotten, Mairüben und Erbsen) und bereitet den Boden auf die Gemüsepflanzungen im August und September vor (weiße Rüben und Steckrüben, italienische Zichorien, asiatische Kohlarten, Herbstblumenkohl, Feldsalat, Spinat und Herbstsalate).

Nach der Ernte der Knollen- und Zwiebelpflanzen (Knoblauch, Zwiebeln und Schalotten) sowie aller Pflanzen, deren Anbauphase vor dem ersten Frost zu Ende geht (krause und glatte Sommerendivie, Filet- und Buschbohnen und Sommerkohlarten wie Brokkoli und Butterkohl), wird der **Herbstgründünger** ausgesät.

GRÜNDÜNGER SÄEN

Wählen Sie einen passenden Gründünger oder eine Mischung aus zwei oder drei verschiedenen Gründüngern aus. Dabei sollten Sie berücksichtigen wann und wie lange Sie den Gründünger aussäen möchten. Der Hauptnutzen des Gründüngers ist landwirtschaftlicher Art. Daher ist es nicht erforderlich, den Boden vor der Aussaat zu bearbeiten.

1. Schieben Sie die Bodenabdeckung auf Seite und lockern Sie den Boden mit einer Doppelgrabegabel. Harken Sie dann den Boden vor der Aussaat etwas auf.
2. Streuen Sie die Samen aus. Berücksichtigen Sie dabei je nach Pflanzenart die Angaben zur Dosierung (diese finden Sie auf der Verpackung). Arbeiten Sie die Samen dann vorsichtig mit der Harke in den Boden ein. Je nach besäter Oberfläche muss der Boden mit der Harke oder einer Walze leicht angedrückt werden.
3. Breiten Sie eine etwa drei Zentimeter dicke Schicht aus organischem Kompost oder kompostiertem Mist aus, ohne diese anzudrücken. Bei trockenem Wetter kann es erforderlich sein die Aussaat ein oder zwei Mal anzugießen, bis sich die ersten Jungpflanzen zeigen.

Die Nachteile sollten nicht größer sein als die Vorteile. Daher beschränken sich Pflege und Nacharbeiten auf ein Minimum. Die Gründüngerpflanzen sollten bis zur Blüte stehenbleiben. Vor dem Auftreten der ersten Samen wird der Gründünger dann abgemäht.

A = Aussaat ins Freiland E = Ernte

Gründünger	Saatdichte	Eigenschaften	J	F	M	A	M	J	J	A	S	O	N	D
Hafer	3 kg/100 m²	Starke Wurzeln		E	E	E			A	A	A	A		
Raps	200 g/100 m²	Schnelle Entwicklung		E	A		E	E			A	A		
Ackerbohnen	1 kg/100 m²	Verbesserung des Bodens		E		A		E	E	E	A			
Luzerne	100 g/100 m²	Lockerung des Bodens			A	A	E	E	E	A	A			
Gelbsenf	200 g/100 m²	Schnelles Wachstum		E	A		E	E			A	A		
Ölrübsen	200 g/100 m²	Schnelles Wachstum		E	A		E	E			A	A		
Phazelie	200 g/100 m²	Kräftige Wurzeln				A	A	A	E	E	E			
Buchweizen	700 g/100 m²	Wachstum in kargem Boden				A	A	A	E	E	E			
Roggen	2 kg/100 m²	Tiefe Wurzeln		E	E	E					A	A		
Klee	200 g/100 m²	Bindung von Stickstoff			A	A		E	E	A	A			
Wicke	1,2 kg/100 m²	Starker Wuchs			A	A		E	E	E	A			

Außergewöhnliche Pflanzen

Neben dem Gemüse, den Kräutern und Obstarten, die man auch in einem klassischen Garten findet, haben auch andere Pflanzen einen Platz im permakulturellen Garten. Es gibt etwa 50 Gemüse-, 30 Kräuter- und etwa zehn größere und kleinere Obstarten, die sehr bekannt sind. Darüber hinaus gibt es eine Vielzahl anderer Arten, die ebenfalls angebaut werden können. Gründe dafür gibt es genügend: Vielleicht möchten Sie neue Geschmacksrichtungen entdecken, Ihr Angebot diversifizieren und damit alle Vorteile nutzen, die dies auf landwirtschaftlicher Ebene mit sich bringt, oder einfach mal etwas Neues ausprobieren. Auch hier gilt: Der Garten ist ein Ort, der für alles offen ist.

Für noch mehr Vielfalt …

Gemüse

Melde
Gurkenkraut
Kreuzblütler (Ernte der jungen Triebe)
Kardone
Knolliger Kälberkropf
Chayote
Italienische Zichorien
Grünkohl (Kale)
Chinakohl (Pak Choi)
Daubenton-Kohl
Gewöhnliches Tellerkraut
Physalis
Knollenziest
Feuerbohne
Winterkopfsalat
Zuckermais
Pflücksalat
Brauner Senf
Sauerampfer
Pastinake
Wassermelone
Mangold
Sommerportulak
Winterrettich
Steckrübe
Haferwurzel und Schwarzwurzel
Neuseeländer Spinat
Tomatillo
Topinambur

Kräuter
Absinth
Anis-Duftnessel
Bärlauch
Echte Engelwurz
Anis
Waldmeister
Kleinblütige
Bergminze
Echte Kamille
Kapuzinerkresse
Echter Kümmel
Süßdolde
Verschiedene
Winterzwiebeln
Chinesischer
Schnittlauch
Parakresse
Kreuzkümmel
Mittelmeer-
Strohblume
Goldmelisse
Luftzwiebel
Perilla
Vietnamesischer
Koriander
Petersilienwurzel
Kleiner Wiesenkopf
Weinraute
Ananas-Salbei
Muskateller-Salbei
Mexikanischer
Estragon
Rainfarn

Kleinobst
Felsenbirnen
Preiselbeere**
Kleinbeerige Erdbeere
Jojoba*
Kiwibeere
Heidelbeere**
Japanische Mispel*
Europäische Mispel
Taybeere

Obst
Mandel
Marone**
Kaki
Nashi-Birne
Olive

* Im Mittelmeerraum ** Bei saurem Boden

Nützliche Pflanzen für andere Pflanzen

Einige Pflanzen enthalten aktive Substanzen, die für andere Pflanzen nützlich sind. Wenn Sie diese Pflanzen selber anbauen, können Sie deren aktive Substanzen als Dünger, Insektenschutzmittel oder Fungizid nutzen. Mit einer selbstgemachten Jauche, einer Mazeration oder einem Sud können Sie Ihren Gemüsegarten, Ihre Bäume und Sträucher pflegen.

Brennnesseln enthalten viel Stickstoff und Spurenelemente, sowie etwas weniger Kaliumcarbonat. Die Jauche, die Sie durch die Mazeration der Brennnesseln erhalten, kann als Dünger und Pflanzenschutzmittel gegen Blattläuse eingesetzt werden. Mit Kompost vermischt fördert Brennnesseljauche die Zersetzung des Komposts. Die Brennnesseln müssen vor der Blüte geschnitten und vor der Mazeration zerkleinert oder gehäckselt werden oder ganz einfach verwelkt sein.

Beinwell ist eine Pflanze mit einem hohen Anteil an Kaliumcarbonat und Spurenelementen und etwas weniger Stickstoff und Phosphat. Die Wurzeln sind winterhart und kräftig und lockern zu schwere Böden auf. Die Blätter werden mehrmals pro Jahr geschnitten. Beinwelljauche wirkt für andere Pflanzen wachstumsfördernd.

Die dalmatinische Insektenblume (Tanacetum cinerariifolium) wird aufgrund ihrer weißen Blüten angebaut, in denen Pyrethrine enthalten sind, die als natürliches Insektenschutzmittel verwendet werden. Die Pflanze ist mehrjährig, aber nur bedingt winterhart. Daher muss sie normalerweise jedes Jahr im März neu ausgesät werden. Die Aussaat erfolgt entweder in einer Anzuchtplatte oder im Gewächshaus. Im Mai werden die jungen Pflanzen in einem Abstand von 30 Zentimetern eingesetzt. Zwischen Juni und September werden dann die Blüten gesammelt, die für die Herstellung des natürlichen Insektizids erforderlich sind.

Auch andere Nutz- oder Zierpflanzen aus dem Garten, wie Knoblauch, Zwiebeln, Tomaten, Thymian, Salbei, Rosmarin, Absinth, Rhabarber, Rainfarn, Schachtelhalm, verschiedene Farne oder Holunder können als Insektenschutzmittel oder Pflanzenschutzmittel verwendet werden.

Aussaat im Gewächshaus | Pflanzung | Ernte und Zubereitung

	Eigenschaften	Verwendung	J	F	M	A	M	J	J	A	S	O	N	D
Dünger														
Beinwell	Hoher Anteil an Kaliumcarbonat	Jauche oder Mazeration			Pflanzung	Ernte und Zubereitung		Ernte und Zubereitung		Ernte und Zubereitung				
Brennnessel	Hoher Anteil an Stickstoff	Jauche oder Mazeration			Pflanzung	Ernte und Zubereitung		Ernte und Zubereitung		Ernte und Zubereitung				
Pflanzenschutz														
Insektenblume	Neurotoxisches Insektenschutzmittel	Infusion			Aussaat im Gewächshaus	Pflanzung	Pflanzung		Ernte und Zubereitung	Ernte und Zubereitung	Ernte und Zubereitung			

DIE ZUBEREITUNG EINER PFLANZENJAUCHE

Brennnesseln und Beinwell haben normalerweise ein sehr üppiges Wachstum. Die Blätter werden zwischen April und Juli geerntet. Durch den hohen Anteil an Stickstoff eignen sich eingeweichte Brennnesseln besonders gut als Pflanzendünger zu Beginn des Pflanzenwachstums. Die Beinwelljauche hingegen wird mit ihrem hohen Anteil an Kaliumcarbonat eher in der zweiten Sommerhälfte und im Herbst eingesetzt.

1. Zerkleinern Sie die Brennnessel- oder Beinwellstängel mit einer Gartenschere, oder hacken Sie sie klein. Geben Sie die Pflanzenteile in einen Bottich und füllen Sie diesen mit dem zehnfachen Volumen an Wasser auf. Decken Sie die Mischung zu und lassen Sie die Pflanzenteile einweichen. Rühren Sie die Mischung regelmäßig mit einem Stock um.
2. Wenn an der Oberfläche Bläschen zerplatzen hat die Gärung begonnen. Rühren Sie die Mischung weiterhin mehrmals am Tag um.
3. Ihre Pflanzenjauche ist fertig, wenn sich keine Bläschen mehr bilden. Im Frühling oder Herbst dauert dies etwa 15 Tage. Im Sommer ist die Jauche schon in weniger als einer Woche fertig. Entnehmen Sie die restlichen Pflanzenteile und geben Sie diese auf den Kompost.

Die Pflanzenjauche kann mehrere Wochen aufbewahrt werden. Wenn Sie damit den Pflanzenfuß bewässern möchten, verdünnen Sie eine Einheit Jauche mit zwei bis drei Einheiten Wasser. Wenn Sie damit die Blätter besprengen möchten, verdünnen Sie zwei bis drei Liter Jauche in einer Gießkanne mit einem Fassungsvermögen von 13 Litern.

DIE ZUBEREITUNG EINES INSEKTENSCHUTZMITTELS

Mit der Insektenblume kann ein neurotoxisches Pflanzenschutzmittel hergestellt werden, das nicht sehr wählerisch ist. Daher sollte es nur gelegentlich verwendet werden, wenn Sie alle anderen Möglichkeiten bereits ausgeschöpft haben. Bereiten Sie jeweils nur so viel vor, wie Sie benötigen, denn die in den Blüten enthaltenen Pyrethrinen verderben schnell.

1. Erhitzen Sie einen Liter Wasser, bis es zu sieden beginnt. Schalten Sie die Kochplatte aus.
2. Geben Sie dann eine große Handvoll frisch gepflückter und in voller Blüte stehender Blüten in den Topf mit dem heißen Wasser. Decken Sie die Mischung mit einem Deckel ab und lassen Sie sie zwei Stunden lang ziehen.
3. Seien Sie die Blüten ab und sprühen Sie Ihr Insektenschutzmittel auf die von Mottenschildläusen, Blattläusen oder anderen Schädlingen befallenen Pflanzen.

Die Blüten der Insektenblume können auch in Pulverform verwendet werden. Dazu werden die Blüten im Schatten getrocknet und zerkleinert.

Mischkultur im Garten

Die Vielfalt der Arten und Varietäten in einem Permakulturgarten schränkt die Möglichkeiten des klassischen Fruchtwechsels ein. Mit der Optimierung der Nährstoffversorgung, der Verbesserung der Fruchtbarkeit und der Struktur des Bodens, der Neutralisierung von Insekten- und Pilzbefall sowie der Eindämmung der Ausbreitung von Unkraut bringt ein Fruchtwechsel zwar viele Vorteile mit sich, diese sind in einem Permakulturgarten aber weitaus weniger relevant als in einem Garten mit einer geringeren Artenvielfalt. Für einige Pflanzenarten wie Zuckermais oder Tomaten zum Beispiel, spielt der Fruchtwechsel gar keine Rolle.

Es gibt jedoch einige Prinzipien in der Mischkultur, die ganz einfach umgesetzt werden können. Am besten funktioniert die Mischkultur bei Pflanzen, die sich ergänzen und sich nicht gegenseitig schädigen. Das gilt zum Beispiel für die Kombinationen Salat und Radieschen bzw. Rettich, Gurken und Kohl, rote Bete und Bohnen, Basilikum und Tomaten oder Feldsalat und Lauch.

- Säen oder pflanzen Sie nicht zu dicht, sodass jede Pflanze genügend Raum hat, sich zu entfalten, ohne die angrenzenden Pflanzen in ihrem Wachstum zu beeinträchtigen.

- Setzen Sie neben eine Pflanze mit flachem Wuchs eine Pflanze mit aufrechtem Wuchs und neben eine Pflanze mit faserigem und oberflächlichem Wurzelsystem eine Pflanze mit tiefen Pfahlwurzeln.

- Kombinieren Sie auf einer Parzelle sowohl Gemüse mit einer starken Verwurzelung, wie Pastinaken und Tomaten, als auch Gemüse mit einer schwachen Verwurzelung, wie Salat, Gurken, Erbsen oder Bohnen.

- Achten Sie darauf, dass nicht zwei Gemüse derselben Kategorie nebeneinander gepflanzt werden (das heißt Wurzelgemüse, Stängelgemüse, Blattgemüse, Blütengemüse, Fruchtgemüse, Samengemüse).

- Eine Pflanze mit einem geringen Nährstoffbedarf harmoniert am besten mit einer Pflanze mit einem sehr hohen Nährstoffbedarf. Sie können sowohl nacheinander als auch nebeneinander angebaut werden.

- Salate, die sehr empfindlich auf Hitze und Trockenheit reagieren, wachsen im Sommer sehr gut im Schatten größerer Pflanzen, wie Zuckermais, Sonnenblumen, Stangenbohnen und hochgezogener Kürbisgewächse.

- Eine Pflanze, die mit Unkraut nicht gut umgehen kann, wie die Karotte oder der knollige Kälberkropf, kann zum Beispiel sehr gut im Wechsel mit der Kartoffel angebaut werden, deren kräftiger Wuchs auf ganz natürliche Weise verhindert, dass sich Unkraut ausbreitet.

- Setzen Sie auf einer Parzelle keine Gemüse derselben botanischen Familie nebeneinander. Das gilt insbesondere für die botanischen Familien, die sowieso schon stark im Garten vertreten sind, wie Kreuzblütengewächse, Kürbisgewächse oder Nachtschattengewächse im Gemüsegarten, Doldengewächse, Lippenblütengewächse oder Liliengewächse im Kräutergarten oder Rosengewächse im Obstgarten.

- Praktisch aber nicht unabdingbar ist es, wenn auf einer Parzelle nur mehrjährige Pflanzen angebaut werden und sich die ein- oder zweijährigen Pflanzen auf einer eigenen Parzelle befinden.

Der Anbau im Gewächshaus

Der Anbau von Gemüse und Kräutern nach dem Permakulturansatz ist ohne Probleme mit dem Anbau im Gewächshaus oder Folientunnel kompatibel. Dabei handelt es sich um überdachte Konstruktionen, in denen ein Treibhauseffekt entsteht (das bedeutet, dass in dem außenisolierten und transparent abgedeckten Gewächshaus auf natürliche Weise ein Temperaturanstieg herbeigeführt wird). Es gibt also keine Heizung im Gewächshaus. Durch Öffnen und Schließen der Luken kann die Innentemperatur beeinflusst werden, sodass die Ernte im Frühjahr vorgezogen oder die Ernte im Herbst hinausgezögert wird.

Gewächshaus und Folientunnel sichern die Melonenernte und erlauben den Anbau von außergewöhnlichem Gemüse, das besonders viel Wärme braucht, wie Cyclanthera, Bittermelone oder Limabohne. Ein Gewächshaus ist außerdem für die eigene Aufzucht von Jungpflanzen für den Gemüsegarten unerlässlich.

Vliese und Folien für das Vortreiben oder Überwintern von Pflanzen sind einfach in der Handhabung und verlängern die Anbauphasen sowohl im Gewächshaus als auch im Freiland. Sie sind effizient, praktisch und kostengünstig und können mehrere Jahre lang verwendet werden. In der Permakultur sind Vliesabdeckungen und Folien ein wertvolles Hilfsmittel, um die angebauten Pflanzen zu schützen.

Gemüse für den Anbau im Gewächshaus

Aubergine
Mangold für die Ernte der jungen Blätter
Rote Bete für die Ernte der Blätter oder der jungen Wurzeln
Kreuzblütengewächse für die Ernte der jungen Triebe (z. B. brauner Senf oder Rucola)
Frühkarotte
Asiatische Kohlarten für die Ernte der jungen Triebe (z. B. Pak Choi, Pe-Tsai, Komatsuna, Blue Kale, Misone, Mizuna oder Tatsoi)
Frühlingsspitzkohl
Frühjahrskohlrabi
Krause und glatte Herbst- und Winterendivie
Italienische Herbst- und Winterzichorien
Gurke
Zucchini und Patisson
Gewöhnliches Tellerkraut
Physalis
Spinat für die Ernte der jungen Triebe
Knollenfenchel
Schnittsalat und Pflücksalat
Frühjahrskopfsalat
Winterkopfsalat
Melone und Wassermelone
Frühe Rüben
Paprika
Sommerportulak
Frühjahrsradieschen und -rettiche
Tomate

Gewürzpflanzen für den Anbau im Gewächshaus

Dill
Basilikum (versch. Varietäten)
Echter Kerbel
Koriander
Gewürzgurke
Gartenkresse
Glatte und krause Petersilie
Piment

DAS WETTER

Im Garten spielen die Witterungsbedingungen eine entscheidende Rolle. In kritischen Phasen, zum Beispiel bei Frost im Frühjahr oder Winter, sollte die Wettervorhersage täglich verfolgt werden. Mit ihren Gradangaben ist die Wettervorhersage sehr präzise, sodass Temperatureinbrüche in den kommenden Tagen oder Nächten antizipiert werden können. Eine Vorhersage von mehr als fünf Tagen ist zwar etwas ungenauer, die Wettertrends für die komplette Woche geben Ihnen jedoch sehr wertvolle Informationen für die Planung der mittelfristig durchzuführenden Arbeiten, zum Beispiel für das kommende Wochenende. Ab einer Vorhersage von 14 Tagen sind die Angaben dann nicht mehr zuverlässig.

Der Hühnerhof

Ein eigener Hühnerhof liefert frische Eier und Hühnerfleisch und passt damit sehr gut in einen Permakulturgarten. Gemüsegarten und Hühnerhof ergänzen sich perfekt: Die Küchenabfälle werden recycelt und die Exkremente mit ihrem hohen Anteil an Stickstoff, Phosphat und Kaliumcarbonat versorgen den Boden mit Nährstoffen.

Das Geflügel mag es eher ruhig und passt sich sowohl an sehr kalte als auch an sehr heiße Wetterbedingungen an. Der Hühnerhof sollte jedoch nicht der prallen Sonne ausgesetzt sein. Für zwei bis drei Hühner benötigen Sie einen Hühnerstall mit einer Grundfläche von 1 m^2 sowie einen Freilaufbereich von etwa 30 m^2, der von einem mindestens 1,50 m hohen Zaun mit einer Maschenweite von 5 cm umgeben sein muss. Die Hühnerhaltung ist nicht sehr kompliziert. Für die Haltung von Enten und Gänsen, die etwas lauter sind, benötigen Sie hingegen mehr Platz.

Hühner sind Allesfresser. Das Futter sollte vorzugsweise reichhaltig und abwechslungsreich sein und aus Getreidekörnern bestehen, die regelmäßig mit verschiedenen Schalen, Möhrengrün, Erbsenhülsen, aufgeplatztem Kohl oder geschossenem Salat angereichert werden. Achten Sie darauf, dass die Hühner jederzeit genügend frisches Wasser zur Verfügung haben.

EIN KLEINER BAUERNHOF?

Wenn Ihr Land größer als 15 Ar ist, dann ist alles erlaubt. Machen Sie aus Ihrem Garten einen kleinen Bauernhof. Die Haltung von Hasen, Schafen, Ziegen und vielleicht sogar einem Esel passt sehr gut zum Getreideanbau. Das Getreide dient als Futter und die Ausscheidungen der Tiere als Dünger. In einem landwirtschaftlichen Betrieb dieser Größe werden Getreide, Obst und Wein zusammen angebaut. Ein kleiner Teil der Nutzfläche dient dem Anbau von mehrjährigen Futterpflanzen, die stickstoffbindende Eigenschaften haben oder sehr viel Biomasse erzeugen. Auf einer Obstwiese wachsen Obstbäume und weiden Ziegen.

EINZUG DER HÜHNER IM STALL

Sobald der Hühnerstall steht und das Freilandgehege umzäunt ist, können die Hühner einziehen. Wenn es sich um Ihre ersten Hühner handelt, sollten Sie drei bis vier Monate alte Tiere kaufen, die sich gut eingewöhnen und schnell anfangen, Eier zu legen. Der beste Zeitpunkt ist das Ende des Frühjahrs (zum Sommeranfang legen die Hühner die ersten Eier). Es gibt zahlreiche verschiedene Hühnerrassen, von klassischen Hühnerrassen wie Vorwerkhuhn, Deutscher Sperber und dem Deutschen Lachshuhn bis hin zu regionalen Rassen wie Bielefelder Kennhuhn, Dresdner oder dem Rheinländer.

1. Lassen Sie die Hühner aus der Transportbox und bringen Sie die Tiere in den geschlossenen Hühnerstall, in dem sich Wasser und Futter befinden (am besten verwenden Sie dasselbe Futter, das die Hühner vom Züchter schon kennen).
2. Öffnen Sie nach 24 Stunden die Zugangsklappe zum Hühnerstall und lassen Sie die Hühner von alleine den Hühnerstall verlassen. Jagen Sie die Hühner nicht nach draußen.
3. Am Abend finden die Hühner alleine den Weg zum Hühnerstall zurück. Denken Sie daran, die Klappe abends zu schließen und morgens wieder zu öffnen.

Ergänzen Sie das Futter auf Körnerbasis (Weizen, Gerste, Hafer und Mais, vorzugsweise in zerkleinerter Form) möglichst schnell mit Gemüseschalen und anderen Abfällen aus dem Gemüsegarten oder mit in Samen geschossenem Unkraut. Im Herbst und Winter können Sie die Hühner im Garten frei laufen lassen, wo sie die Nacktschnecken und Insektenlarven fressen.

Einige Bienenstöcke

Die Bienen übernehmen in der Regel fast 85 % der Bestäubung im Garten. Abgesehen von dieser ökologisch sehr wichtigen Aufgabe, liefern Bienen Honig und die Nebenprodukte Pollen und Propolis. Diese doppelgleisige Aufgabe als Nahrungsmittellieferant und Bestäuber macht die Bienen zu einem sehr beliebten Gast im Permakulturgarten. Wenn Sie sich als Imker betätigen möchten, benötigen Sie mindestens zwei Bienenbeuten.

Stellen Sie die Beuten an einem ruhigen Platz in ihrem Garten auf. Es sollte sich vorzugsweise um eine Freifläche im Randbereich des Gartens handeln. Bienen sind gerne in der Nähe einer Hecke, die bei Unwetter Schutz bietet. Achten Sie aber darauf, dass die Zweige nicht die Wände der Beute und die Magazine berühren und sorgen Sie dafür, dass die Bienen gut rein- und rausfliegen können. Stellen Sie die Bienenbeute erhöht, zum Beispiel auf zwei Betonwerksteine, um Abstand zum Boden zu schaffen. Durch eine leichte Neigung der Beute nach vorne vermeiden Sie stehendes Wasser nach einem starken Regen oder von Kondenswasser.

Für einen guten Start in die Imkerei:

- Im Rahmen einer Schulung bekommen Sie das erforderliche theoretische und praktische Wissen für den Umgang mit Bienenvölkern.

- Schaffen Sie das erforderliche Material an, das heißt die vollständigen Bienenbeuten mit Rähmchen, Magazinen, passenden Wachsblättern sowie eine Imkerjacke mit Hut und Schleier, Handschuhe und verschiedene Werkzeuge (Rauchgeräte, Rosshaarbürste und Wabenheber). Der Kauf des Materials für die Honigernte sowie der leeren Gläser kann bis zur ersten Ernte aufgeschoben werden.

- Kontaktieren Sie das zuständige Veterinäramt, das eine Registriernummer vergibt, und schließen Sie eine Haftpflichtversicherung ab, wenn Sie noch keine besitzen.

- Stellen Sie im Frühjahr im Garten die Bienenbeuten mit den Rähmchen auf.

- Kaufen Sie bei einem benachbarten Imker oder Bienenzüchter die erforderlichen Völker und logieren Sie die Bienen ein, wie Sie es in der Schulung gelernt haben. Halten Sie sich an den Rat des Züchters, was den richtigen Zeitpunkt angeht. Informieren Sie auch Ihre unmittelbaren Nachbarn.

- Das oberste Ziel der Imkerei ist es, die eigene Bienenpopulation wachsen zu sehen. Die Honigernte steht, vor allem im ersten Jahr, erst an zweiter Stelle.

- Beschränken Sie sich zunächst auf die bewährten Methoden und holen Sie sich mindestens drei Jahre lang Rat bei einem erfahrenen Imker.

Der Garten-kalender

Januar

Die Gartenarbeiten im Januar

- Bearbeiten Sie den Boden mit einer Doppelgrabegabel und bringen Sie Kompost und kompostierten Mist aus.
- Ernten Sie die winterharten Gemüse nach Bedarf und schauen Sie nach dem im Keller eingelagerten Frucht- und Wurzelgemüse. Entfernen Sie das verdorbene Gemüse.
- Prüfen Sie den Kälteschutz der aromatischen Sträucher im Freiland, die nur bedingt winterhart sind, und verstärken Sie ihn wenn erforderlich.
- Beenden Sie den Schnitt der Kernobstbäume, wenn dies noch nicht geschehen ist.
- Beseitigen Sie im Fall starker Schneefälle mit einem Besen den Schnee von Gewächshaus oder Folientunnel.
- Prüfen Sie die Isolierung des Hühnerstalls. Geben Sie bei Frost täglich etwas warmes Wasser in den Trog.
- An den Bienenstöcken ist in diesem Monat nichts zu tun: Die Bienenvölker überwintern noch.

JANUAR

1. bis 6. Januar

1 2 3 4 5 6

- Wenn der Boden nicht gefroren und nicht zu feucht ist, lockern Sie ihn mit der Doppelgrabegabel auf und bringen Sie eine letzte Schicht **Kompost** oder **kompostierten Mist** aus.

- Fallen die Temperaturen stark, dann bedecken Sie **Lagerkarotten**, **Feldsalat**, **Winterkopfsalat** und die **italienischen Zichorien** zum Schutz vor der Kälte mit einem Überwinterungsvlies.

- **Petersilie**, **Kerbel**, **asiatische Kohlarten** und die anderen frostunempfindlichen **Kreuzblütengewächse**, die als junge Triebe geerntet werden, sowie **Winterrettiche und -radieschen**, **Spinat**, **glatte und krause Endivien**, **italienische Zichorien**, **Feldsalat** und **Winterportulak** aus dem Gewächshaus können den ganzen Monat über geerntet werden. Lüften Sie Gewächshaus, Folientunnel oder Frühbeet tagsüber, wenn die Temperaturen über 8 bis 10 °C liegen.

7. bis 13. Januar

7 8 9 10 11 12 13

- An den kalten Tagen können Sie Ihren Hühnern etwas Gutes tun, indem Sie ihnen regelmäßig einen kräftigenden, **selbstgemachten Futterbrei** zubereiten. Mischen Sie dazu eine Handvoll trockenes Brot mit den Bröseln eines hartgekochten Eis (mit Schale) und ein paar Blättern in Streifen geschnittenem Kohl oder Kopfsalat.

- Prüfen Sie im Kräutergarten den **Frostschutz** von **Estragon**, **Lorbeer** und **Rosmarin**, die nur bedingt winterhart sind. Verstärken Sie den Frostschutz für die empfindlichsten Gewürzpflanzen, wenn die Temperaturen weiter sinken.

- Bringen Sie eine dicke Schicht Stroh auf die winterharten Wurzelgemüse wie **Knollenziest**, **Topinambur**, **Pastinake**, **Haferwurzel** und **Schwarzwurzel** aus, um die Ernte auch bei Frost fortsetzen zu können.
- **Rosenkohl**, **Wirsing** und **Grünkohl** werden nach Bedarf weitergeerntet.

14. bis 20. Januar

14 15 16

- Entnehmen Sie von **Apfelbaum**, **Birnbaum**, **Kirschbaum** und **Pflaumenbaum** die Zweige, die Sie im Frühjahr für die Veredelung nutzen möchten und schlagen Sie diese in der Nähe einer nach Norden ausgerichteten Mauer ein. Kennzeichnen Sie die verschiedenen Varietäten vorher. Schneiden Sie außerdem die Nebenzweige der Bäume, die Sie veredeln möchten.

Meine Beobachtungen

MUTTER ODER STIEFMUTTER?

Schon der griechische Dichter Äsop beobachtete in seinen Fabeln, dass wilde Pflanzen in der Natur wachsen und sprießen, während angebaute Pflanzen eher schmächtig und schwach wirken: „Die Erde ist die Stiefmutter aller erzwungenen Gewächse, aber die wahre Mutter ihrer eigenen natürlichen Produkte." Übertragen auf die Permakultur kann gesagt werden, dass die Erde eine großzügige und fruchtbare Mutter für alle Pflanzen sein soll.

14. bis 20. Januar

16
17
18
19
20

- Wenn kältere Temperaturen vorhergesagt werden, legen Sie zum **Schutz** ein **Gartenvlies** aus.
- Lassen Sie **Chicorée**, **Riesenlöwenzahn** und **Kapuzinerbart** weiter vortreiben.
- Entfernen Sie regelmäßig die Keime der im Keller eingelagerten **Kartoffeln**.
- Prüfen und entsorgen Sie ggf. das eingelagerte **Gemüse**. Schauen Sie auch nach dem Gemüse im Erdlager.

- Bauen Sie die **Wachsblätter** aus, die Sie wiederverwenden möchten.
- Desinfizieren Sie die alten **Rähmchen** mit einem Gasbrenner und bauen Sie sie wieder zusammen.

21. bis 27. Januar

21
22
23
24
25
26
27

- Verstärken und vervollständigen Sie ggf. die Bodenabdeckung aus **Laub** oder **Stroh** für die Pflanzen, die nur bedingt winterhart sind.

- Entfernen Sie die Abdeckung von **Feldsalat** und **Winterkopfsalat** bei milderen Temperaturen, da diese Pflanzen keine Feuchtigkeit unter der Abdeckung mögen.

- Bei Außentemperaturen unter dem Gefrierpunkt müssen die jungen und empfindlichen Gewürzpflanzen im Topf, die im Sommer gesät oder als Steckling eingepflanzt wurden, sowie die Töpfe mit **Blumenkohl** und **Frühlingsspitzkohl** mit einer **Schicht Stroh** bedeckt werden (Temperaturen unter -8 °C über einen längeren Zeitraum sind fatal). Denken Sie auch daran, den **Winterkopfsalat** im geschützten Anbau mit einem **Schutzvlies oder Mulch** abzudecken.

- Entnehmen Sie die Steckhölzer für die Vermehrung von **roter und schwarzer Johannisbeere** sowie die Wurzelstecklinge für die Vermehrung der **Himbeeren**.

28. Januar bis 3. Februar

28
29
30
31

- Säen Sie im Gewächshaus oder Folientunnel die ersten **Salate zum Vorziehen** aus (Winterbutterkopf, Maikönig, Dorée de Printemps usw.). Für andere Arten ist es noch zu früh.

- Machen Sie eine Bestandsaufnahme der **Gemüsesamen** und prüfen Sie das Verfallsdatum. Führen Sie ggf. einen Auskeimtest durch.

Meine Beobachtungen

Versuchen Sie's doch mal …

DER RIESENLÖWENZAHN

Der Riesenlöwenzahn wird im Juni gesät und am Ende des darauffolgenden Winters im Freiland gebleicht. Nach dem Vorbild von Chicorée und Kapuzinerbart können die Wurzeln der Varietät des Riesenlöwenzahns auch während des Winters im Keller vorgetrieben werden. Auf diese Weise verfügen Sie zu einer Zeit, in der Sie im Garten keine Ernte mehr haben, über junge etiolierte und fein geschnittene Blätter mit einem angenehm pikanten und sehr erfrischenden Geschmack.

Februar

Die Gartenarbeiten im Februar

Bringen Sie rund um das mehrjährige Gemüse und die mehrjährigen Gewürzpflanzen Kompost oder kompostierten Mist aus. Warten Sie Temperaturen über Null ab, um Ihr Frühbeet auf natürliche Weise zu beheizen.

Ernten Sie weiter die winterharten Gemüse im Garten und verwenden Sie nach Bedarf das im Keller eingelagerte Gemüse. Beginnen Sie mit der Aussaat im Freiland.

Prüfen Sie den Kälteschutz der kälteempfindlichen Kräuter. Pflanzen Sie die ersten Zwiebelgewächse.

Beenden Sie den Schnitt der Kernobstbäume.

Lüften Sie das Gewächshaus tagsüber ab einer Außentemperatur von 10 °C. Bei Frost müssen die Gewächshäuser geschlossen bleiben. Denken Sie daran, die ersten Kulturen im geschützten Anbau zu gießen.

Achten Sie darauf, dass das Wasser im Trog nicht friert und bereiten Sie regelmäßig einen Winterfutterbrei mit altem Brot und Kohlblättern vor.

Beobachten Sie das Leben in den Bienenstöcken, ohne die Bienen zu stören.

1
2
3

28. Januar bis 3. Februar

- Ernten Sie weiter **Knollenziest**, **Topinambur**, **Sonnenwurzel**, **Rosenkohl**, **Wirsing**, **Grünkohl**, **Lauch** und **Pastinaken**.

- Säen Sie in Anzuchtplatten **Kopfsalat** aus, der im März pikiert werden muss.
- Die ersten **Frühjahrskopfsalate** im geschützten Anbau werden pikiert.

4
5
6
7
8
9
10

4. bis 10. Februar

- Pflücken Sie die winterharten **italienischen Zichorien**, denen der Frost nur wenig ausmacht (Treviso, Radicchio Rosso di Chioggia, Grumolo Verde) und lassen Sie im Keller kleine Mengen von **Chicorée** und **Kapuzinerbart** weiter vortreiben.
- Stellen Sie die **Kartoffeln** auf und lassen Sie bei Raumtemperatur und im Hellen auch alle anderen **jungen Knollengewächse** vorkeimen, die Sie im nächsten Monat pflanzen möchten.

- Belassen Sie die jungen im Topf gepflanzten Kräuter, die nur bedingt winterhart sind, im geschützten Anbau und ernten Sie weiter **Petersilie** und **Kerbel**, die ebenfalls im geschützten Anbau sind.
- Lassen Sie **Blumenkohl** und **Spitzkohl**, z. B. Cœur de Bœuf, im Topf vortreiben, sodass Sie das Gemüse im März einpflanzen können.

11
12
13
14
15
16

11. bis 17. Februar

- Überwachen Sie den **ersten Flugbetrieb** der Bienen. Reinigen Sie ggf. das Flugbrett mit einem Handfeger. Nutzen Sie einen sonnigen Tag dazu, die Umgebung des Bienenstocks zu säubern, ohne den Bienenstock selbst anzufassen.

- Kratzen Sie vorsichtig lockere Stücke der Borke von den Bäumen ab, um die dort überwinternden **Insekten und Milben** zu vertreiben.
- Befestigen Sie Leimringe an den Bäumen und Sträuchern, die anfällig für **Läuse** sind.
- Müssen die vorhandenen Obstbäume geschnitten werden, zum Beispiel weil der Obstgarten schon seit Jahren vernachlässigt wurde, dann führen Sie einen gründlichen **Auslichtungsschnitt** durch, indem Sie mit einer Säge die älteren Nebenzweige schneiden.

Meine Beobachtungen

DER SPITZKOHL CŒUR DE BŒUF

Ein Frühlingskohl wie der Spitzkohl Cœur de Bœuf ist ein Kopfkohl mit kleinem Kopf, der für gewöhnlich zum Ende des Sommers hin gesät und im Oktober oder sogar erst zu Anfang des kommenden Frühjahrs pikiert oder umgetopft wird. Diese Kohlart wächst schnell und kann ab Ende Mai geerntet werden.

11. bis 17. Februar

16

17

- Mähen Sie den im Herbst gesäten **Ölrübsen**, **Gelbsenf** und **Raps**, insofern die Pflanzen nicht während des Winters erfroren sind.
- Lassen Sie den Schnitt auf der Parzelle liegen oder geben Sie ihn auf den Kompost. Säen Sie **Klee** und **Wicke**.

18. bis 24. Februar

18

19

20

21

22

23

24

- Wenn der Boden nicht mehr gefroren ist, können Sie **Saubohnen**, **Pastinaken** und **Gartenmelden** säen. Nutzen Sie auch die Gelegenheit, um den **Knolligen Kälberkropf** im Freiland auszusäen, wenn dies im Herbst noch nicht geschehen ist.
- Bedecken Sie die Aussaat mit einem Schutzvlies, um die Keimung zu fördern.
- Pflanzen Sie **Rhabarber**. Sie können zu dieser Jahreszeit auch von einer älteren Pflanze ein Teilstück zur Vermehrung entnehmen.

- Liegen die Temperaturen über dem Gefrierpunkt, dann können Sie die verhärteten und vertrockneten Triebe von **Melisse** und **Minze** bis kurz über dem Erdboden abschneiden. Schneiden Sie auch alle anderen winterharten Gewürzpflanzen.

- Die **Erdbeerpflanzen**, die im Herbst nicht eingepflanzt werden konnten, werden jetzt verpflanzt. Zu dieser Jahreszeit sind die hochwachsenden Varietäten den niedrigwachsenden Varietäten vorzuziehen.

25. Februar bis 3. März

25

26

27

28

29

- Sobald die ersten Salatköpfe vorhanden sind können Sie mit der Ernte des **Winterkopfsalats** beginnen.

- Sobald die Klimabedingungen dies erlauben, das heißt die Temperaturen über dem Gefrierpunkt liegen und der Boden nicht mehr gefroren ist, können Sie **Knoblauch**, **gelbe**, **weiße** und **rote Zwiebeln** sowie **lange**, **halblange** und **runde Schalotten** pflanzen.

- Schauen Sie regelmäßig nach den im Keller oder in der Obstkammer eingelagerten **Äpfeln** und **Birnen**. Achten Sie darauf, dass sich die Früchte nicht gegenseitig berühren und entsorgen Sie die verdorbenen Früchte.
- Machen Sie Ableger vom **Strahlengriffel**. Unterscheiden Sie dabei zwischen männlichen und weiblichen Ablegern.
- Schneiden Sie die älteren Zweige (älter als drei Jahre) der **roten und schwarzen Johannisbeersträucher**. Führen Sie bei den **Haselnusssträuchern** einen Auslichtungsschnitt durch.

Meine Beobachtungen

Gut zu wissen

DIE „RENAISSANCE“ IM GARTEN

Schon Leonardo da Vinci wusste: „Keine Wirkung in der Natur ist ohne Vernunftgrund.“ Die Natur war ein so wichtiger Bezugspunkt für ihn, dass sich laut da Vinci jeder täuscht, der sich einen anderen Meister als die Natur sucht. Diese Ansichten des bekannten italienischen Malers und Wissenschaftlers der Renaissance gelten auch für die Permakultur, auch wenn das Werk der Natur oft schwer zu verstehen ist.

März

Die Gartenarbeiten im März

Bringen Sie unter den Bäumen und Sträuchern im Obstgarten frische Holzhackschnitzel aus.

Legen Sie einen neuen Komposthaufen mit organischen, noch nicht zersetzten Materialien aus dem letzten Herbst und Winter an. Geben Sie auch den Schnitt des Gründüngers, den Sie im Herbst ausgesät haben, auf den Kompost.

Fangen Sie an, Regenwasser aufzufangen, um zu Beginn des Frühlings ausreichende Reserven zu haben.

Ernten Sie weiter die winterharten Gemüse im Garten und kümmern Sie sich um die Aussaat und die Pflanzungen, die im Frühjahr anstehen.

Beginnen Sie mit der Getreideaussaat.

Behalten Sie die Kulturen der mehrjährigen Gewürzpflanzen und Sträucher, die im Juni ausgesät und im August/September umgetopft wurden, im geschützten Anbau. Verfahren Sie genauso mit den Stecklingen vom Juli/August, die im September umgetopft wurden.

Pflanzen Sie die letzten Kleinobstarten. Vom Obstschnitt ist in diesem Monat vor allem der Pfirsichbaum betroffen, der kurz vor dem Blütebeginn steht. Beginnen Sie mit der Veredelung durch Pfropfen.

Ernten Sie die letzten Gemüse und Gewürzpflanzen im geschützten Anbau und entfernen Sie die verbleibenden Pflanzenüberreste, um neuen Platz für Aussaat und Pflanzungen im Frühjahr zu schaffen. Lüften Sie das Gewächshaus, sobald das Wetter dies zulässt, um die Bildung von Kondenswasser und damit das Auftreten von feuchtigkeitsbedingten Krankheiten zu vermeiden.

Passen Sie das Hühnerfutter an die beginnende Legephase an.

Nutzen Sie einen Tag mit besonders milden Temperaturen (über 20 °C), um sich die Bienenbeuten anzusehen. Prüfen Sie Menge und Regelmäßigkeit der ersten gelegten Eier, ohne dabei das Bienenvolk zu stören.

25. Februar bis 3. März

1 2 3

- Pflanzen Sie **Strahlengriffel**, **Tafeltrauben** und **Feigen**.
- Pflanzen Sie die Unterlagen der **Obstbäume** (**Apfelbaum**, **Birnbaum**, **Quittenbaum**, **Pflaumenbaum**, **Kirschbaum** und **Pfirsichbaum**) ein, die im Sommer okuliert werden sollen.

- Säen Sie **Hafer**.

4. bis 10. März

4 5 6 7 8 9 10

- Pflanzen Sie die auskeimenden Knollengewächse **Topinambur** und **Knollenziest** ein.
- Kümmern Sie sich ab dem ersten Tauwetter um die **Artischocken**, um deren Wachstumsbeginn zu erleichtern.

- Pikieren Sie die im Winter entnommenen Steckhölzer von **roter und schwarzer Johannisbeere**.
- Entnehmen und verpflanzen Sie die Ableger der **Himbeersträucher**.
- Veredeln Sie **Aprikosen**, **Kirschen** und **Pflaumen** durch Pfropfen.

- Teilen Sie den **Schnittlauch** und säen Sie an einem günstigen Platz **Kerbel**, **rote** und **weiße Zwiebeln**, **Winterzwiebeln**, **Gartenkresse** und die erste **Petersilie**.

- Säen Sie **Kornblumen**, **Kapuzinerkresse**, **Studentenblumen** und **Ringelblumen** in einer Anzuchtplatte aus.
- Säen Sie **Tomaten**, **Auberginen**, **Paprika**, **Piment**, **Sellerie** und **Artischocken** in einer Anzuchtplatte aus.

11. bis 17. März

11 12 13 14 15 16

- Pflanzen Sie die Knollen von **Knoblauch**, **Zwiebeln** und **Schalotten** in die Erde. Entfernen Sie dazu den im Herbst ausgebrachten Kompost oder kompostierten Mist von der Pflanzreihe, da Gemüseknollen organische Substanzen, die nicht ganz zersetzt sind, nicht mögen. Bedecken Sie die eingepflanzten Knollen anschließend mit **leichtem**, **nicht kompaktem Mulch**.

- Ernten Sie weiter **Winterkarotten**, **Rosenkohl**, **Wirsing**, **Grünkohl**, **Lauch**, **Pastinaken**, **Haferwurzel** und **Schwarzwurzel**.

- Nutzen Sie einen schönen Tag zur Reinigung des Unterbodens der Beute. Fegen Sie auch das Abflugbrett. Ersetzen Sie die alten ungenutzten **Waben** durch neue Waben und fügen Sie bei großen Bienenvölkern einen **Honigraum** hinzu.

Meine Beobachtungen

MANGOLD BARESE

Der kompakte Wuchs des Mangolds Barese erinnert an Pak Choi. Er ist leicht anzubauen und gibt eine reiche Ernte. Die Pflanze ist winterhart (bis -12 °C) und wächst kräftig bei Temperaturen ab 16–18 °C. Im Sommer verträgt Mangold Barese auch sehr heiße Temperaturen, wenn Sie gut gießen.

MÄRZ

16
17

11. bis 17. März

- Säen Sie runde **Erbsen**, **Frühjahrsspinat** und frühe **Karotten** ins Freiland.
- Pflanzen Sie außerdem **Frühjahrskopfsalat**.

18
19
20
21
22
23
24

18. bis 24. März

- Säen Sie im geschützten Anbau **Radieschen** (Treibsorten, wie Topsi, Raxe, Sora usw.), **Mairüben**, frühe **Karotten** (Pariser Markt) und Rucola aus.
- Nach dem Winter im geschützten Anbau setzen Sie **Kopfsalat** in Erdballen und **Blumenkohl** und **Frühlingsspitzkohl** in Töpfe.
- Säen Sie weiter **Frühlingskopfsalat** (alle Varietäten), **Kohlrabi**, **Blumenkohl** und **Sommerbrokkoli** in Anzuchtplatten aus.

- Säen Sie **Erbsen** mit glatten Samen (Petit Provençal, Rheinperle, Plein le Panier usw.) ins Freiland aus.
- Verpflanzen Sie alle **Kopfsalate** sowie den ersten **Blumenkohl**, **Brokkoli** und **Sommerbutterkohl** an einen Platz mit guter Sonneneinstrahlung.
- Denken Sie an ein Schutzvlies, sollten die Temperaturen im März noch einmal stark sinken.

25
26
27
28
29
30
31

25. bis 31. März

- Beenden Sie die Ernte von **Winterkohl**, **Lauch**, **Haferwurzel**, **Schwarzwurzel**, **Karotten** und **Pastinaken**, um Platz für den Anbau im Frühjahr zu schaffen.
- Pflanzen Sie **Rhabarber** (es ist noch früh genug, um von einer älteren Pflanze ein Teilstück zur Vermehrung zu entnehmen und zu verpflanzen).

- Säen Sie **Kerbel**, **Dill** und **Koriander** im geschützten Anbau aus. Schützen Sie die junge Aussaat mit einem Gartenvlies.
- Säen Sie die erste **Petersilie** und andere Gewürzpflanzen (**Majoran**, **Bohnenkraut**, **Eisenkraut** usw.) in Anzuchtplatten aus. Die einzige Ausnahme ist **Basilikum**, der sehr kälteempfindlich ist.

- Geben Sie Ihren Hühnern eine Mischung aus 80 % Getreide (**Weizen**, **Triticale**, **Gerste**, **Hafer** und **Mais**) und 20 % Eiweißpflanzen (**Erbsen**, **Wicke**, **Linsen** und **Saubohnen**) mit etwas Grün aus dem Garten, um die **Eierproduktion** anzuregen.

Meine Beobachtungen

Gut zu wissen

WAS IST EIGENTLICH HUMUS?

Bei der Zersetzung von organischen Substanzen bezeichnet der Begriff Humus die letzte Phase. Die Mineralisierung des Humus liefert den Pflanzen wichtige Nährstoffe. Zusammen mit Ton und Kalk ist Humus für den Mineralaustausch im Boden zuständig. Die agronomische Bedeutung von Humus in der Permakultur ist groß, sodass man beinahe sagen kann, dass ein Boden nur dann fruchtbar ist, wenn er einen hohen Anteil an Humus hat.

April

Die Gartenarbeiten im April

Sobald Gemüse und Kräuter gesät und gepflanzt sind, muss die Strohabdeckung ausgebracht werden.

Geben Sie regelmäßig einige Schaufeln alten Kompost auf den neuen Komposthaufen. Auch wenn der alte Kompost noch nicht gut zersetzt ist, beschleunigt dies die Zersetzung des neuen Komposts.

Die Bewässerung wird nun immer wichtiger.

Die Zeit der winterharten Gemüse im Gemüsegarten ist vorüber. Auch die Lagerdauer der letzten im Keller eingelagerten Winterkürbisse geht zu Ende. Säen und pflanzen Sie Gemüse und Kräuter, denen die letzten Tage mit Reif und Frost nicht viel ausmachen.

Setzen Sie die Aussaat des Frühjahrsgetreides fort.

Ernten Sie die vorhandenen Kräuter, denen die Kälte nur wenig ausmacht und beginnen Sie mit Aussaat und Pflanzungen. Entfernen Sie den Kälteschutz und lassen Sie die Kräutersträucher, die nicht winterhart sind und im Wintergarten oder im Keller überwintert haben, wieder austreiben.

Schneiden Sie die letzten Obstbäume.

Bringen Sie die Aussaat der ersten Zierblumen aus.

Lüften Sie das Gewächshaus tagsüber, sobald die Temperaturen dies zulassen. Nachts muss das Gewächshaus aber geschlossen bleiben. Denken Sie auch an die Bewässerung der Pflanzen im geschützten Anbau.

Erneuern Sie regelmäßig das Stroh in den Hühnernestern und achten Sie darauf, dass die Hühner immer frisches Wasser zur Verfügung haben. Stellen Sie eine Kiste auf, die zu einem Drittel mit Holzasche gefüllt ist, damit die Hühner darin ihr Staubbad nehmen können.

Überwachen Sie die Bienenstöcke mit den Bienen, die beginnen, aktiv zu werden.

APRIL

1. bis 7. April

1

- Sammeln Sie täglich die gelegten **Eier** ein. Bringen Sie die ersten Junghühner in den Hühnerstall.

2

- Säen Sie faltige **Erbsen**, **Knackerbsen** und **Zuckererbsen**, **Schnittsalat**, zum Beispiel Eichblattsalat, **Frühlingsradieschen** und **frühe Mairüben** (weiß oder weiß-violett) direkt ins Freiland aus.

3

- Säen Sie **glatte** und **krause Petersilie**, **Koriander**, **Dill** und **Kerbel** an einem Platz mit guter Sonneneinstrahlung aus.

4

- Säen Sie **Zwiebeln** für die Zubereitung von Zwiebel-Confit sowie **Petersilienwurzel** direkt ins Freiland aus.

5

- Topfen Sie die im Vormonat in der Anzuchtplatte ausgesäten **Tomaten**, **Auberginen** und **Paprika** um.

6

- Setzen Sie die Aussaat von **Salat**, **Herbstkopfkohl**, **Blumenkohl**, **Grünkohl** und **Brokkoli** in Anzuchtplatten fort.

7

- Veredeln Sie **Apfel- und Birnbäume** durch Pfropfen. Schneiden Sie Stecklinge von einem austreibenden **Feigenbaum**.

8. bis 14. April

8

9

- Ernten Sie die letzten Wurzeln von **Pastinaken**, **Haferwurzel** und **Winterkarotten**.
- Belassen Sie den im Herbst ausgesäten **Wirsing** und **Winterspinat** im Freiland.

10

- Pflücken Sie den letzten **Feldsalat**, der im September ausgesät wurde, und beginnen Sie, den ersten **Löwenzahn** zu pflücken, dessen Blätter Sie vorher durch Anhäufeln gebleicht haben.
- Ernten Sie regelmäßig den reifen **Spargel**.

11

12

- Setzen Sie die mehrjährigen **Gewürzpflanzen** aus dem Handel in die Erde. Warten Sie bei den einjährigen Kräutern noch etwas ab. Diese sind kälteempfindlicher.

13

14

- Beginnen Sie die Aussaat von **glatter** und **krauser Sommerendivie** in Anzuchtplatten. Säen Sie **Lauch** direkt ins Freiland oder in Anzuchtplatten mit sehr tiefen Töpfen.

15. bis 21. April

15

16

- Setzen Sie die Honigräume ein, nachdem Sie geprüft haben, inwiefern die Rähmchen schon mit Honig gefüllt sind. Teilen Sie gegebenenfalls die großen Bienenvölker.

Meine Beobachtungen

Gut zu wissen

MAXIMALE VIELFALT

Unabhängig davon, ob es sich um Gemüse, Gewürzpflanzen, Obst, Blumen oder andere Nutzpflanzen handelt, wie Getreide oder Pflanzen, die für Bestäuberinsekten und Nützlinge wichtig sind, sollten Sie darauf achten, eine größtmögliche Vielfalt an Pflanzenarten und -varietäten in Ihrem Garten zu haben.

APRIL

15. bis 21. April

16

- Pflanzen Sie **Tomaten**, **Paprika**, **Auberginen** und **Gurken** für die Sommerernte unter einen Folientunnel.

17

- Säen Sie **Basilikum** in Anzuchtplatten aus.
- Säen Sie außerdem **Zuckermais** aus.

18

- Säen Sie weiter **Radieschen** und **Rettiche** aus.
- Pflanzen Sie **Spargeljungpflanzen** ins Freiland.

19

- Entfernen Sie die im Herbst ausgebrachte Schutzschicht von den **Artischocken** und entfernen Sie gegebenenfalls die Schösslinge.

20

- Beginnen Sie in den letzten Tagen des Monats damit, **Kapuzinerkresse** und **Kosmos** ins Freiland auszusäen.

21

- Säen Sie **Mais** und **Quinoa**.

22. bis 28. April

22

- Pflanzen Sie **Kartoffeln**. Beginnen Sie mit den frühen Kultivaren (Agata, Jeanette oder Amandine).

23

- Pflanzen Sie die im Vormonat in der Anzuchtplatte ausgesäten **Salate**, **Blumenkohl**, **Kohlrabi** und **Brokkoli** ins Freiland.

24

- Säen Sie **Gurkenkraut**, **Kapuzinerkresse**, essbare **Chrysanthemen** und verschiedene **Blumenmischungen** ins Freiland aus.

25

- Säen Sie **Zucchini**, **Patisson**, **Gurken**, **Melonen** und verschiedene **Winterkürbisse** in Anzuchtplatten oder direkt in Töpfe aus.

26

- Verpflanzen Sie die in Anzuchtplatten ausgesäte **Petersilie** ins Freiland und nehmen Sie bei **Liebstöckel** und **Estragon** eine Wurzelteilung vor.

27

- Schneiden Sie die spätblühenden **Pfirsichbäume** und die durch den Winterfrost beschädigten Äste der **Feigenbäume**.

28

29. April bis 5. Mai

29

- Pflücken Sie regelmäßig **Schnittlauch**, **Gartenkresse** und **krausblättrigen Kerbel**.

30

- Pflanzen Sie die **Zitronenverbene** und die nicht winterharten Kräuter, die Sie überwintert haben, wieder aus.
- Verpflanzen Sie die glatte und krause Petersilie.

Meine Beobachtungen

LIEBSTÖCKEL

Die beeindruckenden Liebstöckelstauden werden mannshoch und breiten sich auf einer Fläche von einem Meter aus. Setzen Sie den Liebstöckel daher am besten am Rand des Gemüsegartens ein. Vermehren ist nicht erforderlich: Eine Pflanze reicht für den Verbrauch einer Familie aus. Liebstöckel ist mehrjährig und winterhart, sodass Sie fast zehn Jahre etwas von der Staude haben. Der Geschmack erinnert stark an den Geschmack von Sellerie.

Mai

Die Gartenarbeiten im Mai

- Geben Sie regelmäßig neue organische Substanzen auf den Komposthaufen und beginnen Sie mit der Aussaat von Sommergründünger (Phazelie).
- Achten Sie darauf, immer ausreichend Regenwasser zur Bewässerung vorrätig zu haben und gießen Sie die frisch ausgesäten und verpflanzten Pflanzen nach Bedarf.
- Ernten Sie nach und nach das reife Gemüse. Säen und pflanzen Sie weiter für die Sommer- und Herbsternte.
- Säen Sie das letzte Frühjahrsgetreide.
- Säen oder pflanzen Sie alle Kräuter. Ernten Sie nach Bedarf.
- Beginnen Sie mit der ersten Ernte.
- Setzen Sie Aussaat und Pflanzungen fort.
- Die Aussaat im geschützten Anbau geht weiter zurück, wird aber nicht komplett eingestellt. Die Pflanzungen werden fortgesetzt.
- Richten Sie den Hühnerhof ein bzw. ersetzen Sie die Hühner, die älter als zwei Jahre sind.
- Es beginnt die Zeit des Schwärmens.

29. April bis 5. Mai

1

- Säen Sie **Melonen** in Anzuchtplatten oder Töpfen aus. Im Juni werden die Pflanzen dann in den Gemüsegarten verpflanzt.

2

- Säen Sie **Rosenkohl** und **Wirsing** für die Winterernte aus. Denken Sie auch an die Aussaat des **Grünkohls** Westlandse Winter.

3

- Im Gemüsegarten steht die erste Aussaat Knollenfenchel und die zweite Aussaat **Kohlrabi** an (in den kommenden Wochen kann drei bis vier Mal Kohlrabi ausgesät werden).

4

- Pflanzen Sie die im Vormonat in Anzuchtplatten ausgesäte **glatte** und **krause Sommerendivie** ins Freiland ein.

5

- Pflücken Sie weiter **Liebstöckel**, **Gartenkresse** und **krausblättrigen Kerbel** und beginnen Sie mit der Ernte von **Oregano** und **Minze**.

6. bis 12. Mai

6

7

- Ernten Sie die ersten **Salate**, die Sie im März verpflanzt haben. Verpflanzen Sie für die künftige Salaternte weitere Pflanzen.
- Alle Nachtschattengewächse (**Tomaten**, **Auberginen** und **Paprika**) und die meisten Kürbisgewächse (**Zucchini**, **Patisson** sowie **Sommer- und Winterkürbisse**) können jetzt ins Freiland gesetzt werden.

8

- Warten Sie bis zum Monatsende, um **Gurken** und **Melonen** in den Gemüsegarten zu setzen.

9

- Der im März im geschützten Anbau ausgesäte **Stauden- und Knollensellerie**, sowie der erste **Lauch** kann jetzt gepflanzt werden.

10

- Pflanzen Sie **Gurken**, **Melonen** und **Basilikum** im geschützten Anbau.

11

- Beenden Sie die Ernte des **Winterkopfsalats** (Passion, Val d'Orge, Merveille d'hiver) und ernten Sie die ersten **Frühlingskopfsalate** (Maikönig, Gärtnerstolz, Dorée de Printemps).

12

13. bis 19. Mai

13

- Säen Sie den letzten **Körnermais**, sowie **Hirse**, **Buchweizen** und **Sorghum** aus.

14

15

- Stärken Sie die schwachen Bienenvölker, indem Sie ein oder zwei wenig bestückte **Rähmchen** durch Rähmchen mit **Brut** ersetzen.

16

- Säen Sie **Sonnenblumen** für die Ernte der Sonnenblumenkörner sowie den ersten Zuckermais direkt ins Freiland aus.

Meine Beobachtungen

Versuchen Sie's doch mal …

GRÜNKOHL „WESTLANDSE WINTER“

Grünkohl ist eine alte Sorte und ein kräftiges und winterhartes Gemüse. Er hält Temperaturen von bis zu -30 °C aus. Heute erlebt der Grünkohl unter dem englischen Begriff „Kale“ eine zweite Jugend. Er hat einen hohen Nährwert und ist sehr schmackhaft. Die leicht krausen Blätter der Varietät Westlandse Winter werden nach dem ersten Frost und dann den ganzen Winter über geerntet.

MAI

13. bis 19. Mai

16 17 18 19

- Säen Sie regelmäßig **Salat** in Anzuchtplatten aus. Ab jetzt können Sie Sommervarietäten aussäen (Appia, Rouge Grenobloise, Rossia). Wenn es sehr heiß ist stellen Sie die Anzuchtplatten am besten in den Schatten.
- Säen Sie **Gewürzgurken** im geschützten Anbau. Wenn Sie von Anfang an eine Rankhilfe vorsehen, können Sie später einfacher ernten.

- Säen Sie die letzten **Frühjahrsradieschen und -rettiche** ins Freiland aus. Gleichzeitig können Sie die ersten Sommerradieschen und -rettiche (Eiszapfen, Hilds Blauer) aussäen.

20. bis 26. Mai

20 21 22 23 24 25 26

- Mähen und zerkleinern Sie den **Frühjahrsgründünger** (Senf, Ölrübsen, Raps) und säen Sie **Phazelie**, **Buchweizen**, Klee und **Wicke**.

- Die ersten frühen **Karotten** (Pariser Markt) und **Mairüben** aus dem geschützten Anbau können geerntet werden.

- Säen Sie die ersten **Bohnen** aus. Beginnen Sie mit den **Zwergbohnen**.
- Pflücken Sie den **Rucola** blattweise und zupfen Sie die Blüten ab.
- Ernten Sie regelmäßig **Spargel**. Die Blattstiele des **Rhabarbers** können bis zum Monatsende geerntet werden.
- Sammeln Sie die reifen Schoten der **Saubohnen** und ernten Sie regelmäßig die **frühen runden Erbsen** und die **Zuckererbsen**.

- Überwachen Sie das Bienenschwärmen und sammeln Sie den Bienenschwarm gegebenenfalls wieder ein.

27. Mai bis 2. Juni

27 28 29 30 31

- Ernten Sie die ersten frühen **Kirschen**.

- Säen Sie weiter Sommer- und Herbstvarietäten von **krauser** und **glatter Endivie** in Anzuchtplatten aus.

- Pflanzen Sie **Lagerkartoffeln** und die letzten **frühen Kartoffeln**.
- Ernten Sie weiter **Frühlingsradieschen und -rettiche**, insbesondere die, deren Saatreihe als Kennzeichnung für die Aussaat von **Pastinaken** und **Karotten** dient.

Meine Beobachtungen

Gut zu wissen

DER OASENGARTEN

In einem Oasengarten werden Gemüse, Kräuter und Obst angebaut. Der Anbau erfolgt in drei Etagen. Ganz oben stehen die großen Obstbäume, in der Mitte befinden sich Obststräucher und Spaliergemüse und ganz unten werden Gemüse und Kräuter angepflanzt. Diese vertikale Ausrichtung des Oasengartens ermöglicht eine größtmögliche Diversifizierung der angebauten Pflanzen.

Juni

Die Gartenarbeiten im Juni

- Verteilen Sie rund um die neu ausgesäten oder eingesetzten Pflanzen Kompost oder kompostierten Mist.
- Geben Sie regelmäßig neue organische Substanzen auf den Komposthaufen und schichten Sie ihn zum Lüften zwei oder drei Mal um. Bewässern Sie den Komposthaufen, wenn dieser zu trocken ist. Mähen und zerkleinern Sie den Frühlingsgründünger und säen Sie Sommergründünger.
- Gießen Sie nach Bedarf, vorzugsweise abends. Überwachen Sie Ihre Wasservorräte.
- Ernten Sie nach und nach das reife Gemüse. Denken Sie auch an das Entspitzen und Ausbrechen.
- Kümmern Sie sich um die letzte Getreideaussaat.
- Ernten Sie die Kräuter entsprechend ihrem Entwicklungsstand.
- Ernten Sie die reifen Früchte. Führen Sie, wenn erforderlich, einen Grünschnitt der Obstbäume und -sträucher durch. Stellen Sie Ihre ersten Sommermarmeladen her.
- Lassen Sie die Blumen bis zur Fruchtbildung stehen, um deren Samen zu sammeln oder eine natürliche Aussaat zu ermöglichen.
- Gießen Sie regelmäßig und beenden Sie die Pflanzungen im geschützten Anbau. Den Sommer über befinden sich in Ihrem Folientunnel nur Melonen und andere Gemüsearten, die besonders viel Wärme brauchen.
- Ersetzen Sie die älteren Hühner durch vier bis fünf Monate alte legebereite Junghühner. Reinigen Sie regelmäßig Wasser- und Futtertrog.
- Richten Sie für die Bienen eine Wasserstelle ein.
  Die erste Honigernte steht an.

27. Mai bis 2. Juni

1

- Setzen Sie den **Basilikum** in Töpfe.

2

- Pflücken Sie die **Kräuter**, wenn der Wachstumsstand dies zulässt und Sie Bedarf haben.

3. bis 9. Juni

3

- Achten Sie darauf, dass die Hühner ständig frisches Wasser und Körner zur Verfügung haben.

4

- Ernten Sie die ersten **frühen Karotten**, die Sie im geschützten Anbau ausgesät haben.

5

- Säen Sie **glatte** und **krause Petersilie** in Anzuchtplatten für die Ernte im Herbst aus. Säen Sie gleichzeitig **Schnittlauch**, **Schnittknoblauch**, **Echten Thymian**, **Echten Salbei**, **mehrjähriges Bohnenkraut**, **Oregano** und **Eisenkraut** aus, um es im nächsten Frühjahr einpflanzen zu können.

6

- Säen Sie **Winterkarotten** (zum Beispiel die Sorte Colmar), **rote Bete**, **Chicorée** und **Kapuzinerbart** im Freiland aus. Im Winter werden die Pflanzen zum Austreiben in den Keller gebracht.

7

- Dieser Monat ist außerdem der beste Zeitpunkt, um **Bohnen** zu säen.

8

- Alle drei bis vier Tage können **Erdbeeren** und **Himbeeren** gepflückt werden.
- Ernten Sie **Kirschen** und **Süßkirschen**, **schwarze** und **rote Johannisbeeren**, **Stachelbeeren** sowie die ersten **frühen Pfirsiche**.

9

10. bis 16. Juni

10

- Säen Sie weiter **Kopfsalat**, glatte und **krause Herbstendivie** in Anzuchtplatten aus.

11

- Säen Sie **Sommerportulak** im Freiland aus (über den Sommer können Sie drei bis fünf Mal aussäen).

12

- Prüfen Sie den Wachstumsstand von **Tomaten**, **Auberginen**, **Paprika**, **Gurken** und **Melonen** anhand der Fruchtfestigkeit.

13

- Ernten Sie den **jungen Kohlrabi**, sobald das Gemüse die Größe eines Tennisballs erreicht hat. Gießen Sie regelmäßig aber wenig, um zu verhindern, dass der **Kohlrabi** aufplatzt.

14

- Entnehmen Sie die ersten Stecklinge von **Rosmarin**, **Thymian** und **Sand-Thymian**, **Lavendel** und **Zitronenverbene**. Der beste Zeitpunkt für die Entnahme von Stecklingen von aromatischen Sträuchern und Ziersträuchern ist im Juni oder Juli.

15

16

- Machen Sie eine letzte **Hirse**-Aussaat (die Ernte muss vor den ersten kalten Tagen im Herbst erfolgen).

Meine Beobachtungen

Gut zu wissen

PFIRSICHE AUS MONTREUIL

Zwischen dem 16. und 19. Jahrhundert wurden im französischen Montreuil Pfirsiche als Spalierobst angebaut. Das Spalierobst wurde entlang von Mauern angepflanzt, die sich über eine Länge von fast 600 Kilometern zogen und nach Süden und Osten ausgerichtet waren. Der Putz aus weißem Gips sorgte dafür, dass im Gestein der Mauern tagsüber Wärme gespeichert und nachts wieder abgegeben wurde. Ein kleines Vordach oben auf der Mauer schützte die Pfirsiche vor Regen und verhinderte so das Auftreten der sogenannten Kräuselkrankheit, einer feuchtigkeitsbedingten Pilzkrankheit. Diese einfache und effiziente Methode wurde in der Permakultur wiederentdeckt!

16

- Säen Sie mehrjährige **Kornblumen** und erneuern Sie die Aussaat von **Ringelblumen**, **Gurkenkraut** und **essbaren Chrysanthemen** im Freiland.

17. bis 23. Juni

17

18

19

20

21

22

23

- Säen Sie die Herbstsorten von **glatter** und **krauser Endivie** in Anzuchtplatten aus.

- Säen Sie **Zucchini** und **Patisson** sowie **Gurken** und **Winterkürbisse** ins Freiland aus.
- Pikieren Sie den **Kohlrabi Noriko** (zwischen Frühjahr und Herbst kann diese Sorte mehrfach ausgesät werden) sowie die letzten Herbstkohlarten (**Rotkohl**, **Brokkoli** und **Blumenkohl**) und Winterkohlarten (**Wirsing**, **Rosenkohl** und **Grünkohl**).

- Beobachten Sie, wie sich die **Rähmchen** im Bienenstock und im Honigraum füllen. Fügen Sie nach Bedarf einen weiteren **Honigraum** hinzu.
- Entnehmen Sie die mit Honig gefüllten **Honigwaben**. Lassen Sie den Bienen die Hälfte des Honigs für den Winter.

24. bis 30. Juni

24

25

26

27

28

29

30

- Entfernen Sie regelmäßig Blätter und neue Triebe der im Gewächshaus kultivierten **Tomaten**. Ab Monatsende können Sie die ersten **Paprika**, **Tomaten** und **Auberginen** ernten.

- Säen Sie **Sommerradieschen und -rettiche** im Freiland aus. Planen Sie die Aussaat in Anzuchtplatten und das Pikieren im Erdballen von **Sommerkopfsalat** in Abständen von 15 Tagen.
- Sammeln Sie die letzten **Erbsen** und ernten Sie die ersten **Artischocken**. Warten Sie dabei nicht zu lange: Bei heißem und trockenem Wetter können Artischocken schnell zu fest werden.
- Pflücken Sie **Kopfsalat** und Schnittsalat sowie **krause** und **glatte Sommerendivie** nach Bedarf.
- Pflanzen Sie den letzten **Stauden- und Knollensellerie**.

- Holen Sie die mit Honig gefüllten **Honigräume** und ernten Sie den Honig vorschriftsgemäß, um ihn in **Gläser** abzufüllen.

Meine Beobachtungen

KOHLRABI NORIKO

Kohlrabi ist ein sehr schmackhafter Kohl mit einem Geschmack, der an Weißkohl oder Steckrüben erinnert. Kohlrabi wird zwei Monate nach dem Pikieren geerntet und kann im Zeitraum zwischen März und September mehrfach versetzt kultiviert und geerntet werden. Der Kohlrabi Noriko ist robust und kann mit den Klimaschwankungen zwischen Trockenheit und Feuchtigkeit im Sommer sehr gut umgehen.

Juli

Die Gartenarbeiten im Juli

- Machen Sie das Unkraut aus, das trotz Strohabdeckung sprießt, bevor es zum Aussamen kommt.
- Wenn Sie genügend Platz haben, säen Sie den ersten Gründünger für Spätsommer und Herbst aus (Senf, Ölrübsen und Raps). Mähen Sie den Frühjahrsgründünger (Phazelie), bevor es zum Aussamen kommt.
- Gießen Sie regelmäßig und nach Bedarf der jeweiligen Pflanze.
- Ernten Sie nach und nach das reife Gemüse. Säen und pikieren Sie das Gemüse für die Herbsternte.
- Ernten Sie das Getreide je nach Reifegrad der Körner.
- Ernten Sie weiter die vorhandenen Kräuter. Kümmern Sie sich um Aussaat und Stecklinge der aromatischen Sträucher für die Pflanzungen im nächsten Frühjahr.
- Ernten Sie die reifen Früchte und stützen Sie die Äste der Pflaumenbäume, die voller Früchte hängen. Führen Sie nach der Ernte der Sommerpfirsiche einen Grünschnitt durch und okulieren Sie alle Obstbäume. Beginnen Sie mit den Steinobstbäumen und kümmern Sie sich dann um die Kernobstbäume.
- Ernten Sie weiter die im geschützten Anbau kultivierten Gemüse.
- Stellen Sie sicher, dass die Bienen den ganzen Sommer über eine Wasserstelle zur Verfügung haben. Im Juli ist auch die Zeit des ersten sommerlichen Honigtaus.

JULI

1. bis 7. Juli

1 2 3 4 5 6 7

- Säen Sie erstmals **Hafer** und **Luzerne** als Gründünger und mähen Sie die **Phazelie**, die das Ende ihrer Blütephase erreicht hat.

- Fördern Sie den Reifeprozess von **Melonen** und **Wassermelonen** im geschützten Anbau, indem Sie diese entspitzen und Blätter entfernen. Denken Sie daran, die Pflanzen ausreichend zu gießen.

- Entspitzen Sie die **Gurken**, damit sich diese verzweigen und entfernen Sie die letzten **Tomatentriebe**, sobald diese entstehen.

- Die vor zwei Monaten gesäten **Gewürzgurken** werden geerntet und eingemacht.
- Die zweite Aussaat von **Dill** und **Koriander** für die Herbsternte erfolgt ins Freiland.

- Pflücken Sie die reifen **Aprikosen**, **Pfirsiche** und **Feigen** sowie die ersten frühen **Äpfel** und **Birnen**.
- Ernten Sie weiter die hochwachsenden **Himbeeren** und **Brombeeren**.

8. bis 14. Juli

8 9 10 11 12 13 14

- Nehmen Sie eine neue Aussaat **Sommerportulak** und **Kohlrabi** vor. Säen Sie auch den **Knollenfenchel Selma**.
- Setzen Sie die Stecklinge aller aromatischen Sträucher, wie **Salbei**, **Rosmarin**, **Zitronenverbene**, **Thymian**, **Sand-Thymian** und **Stevia** in Anzuchtplatten.
- Säen Sie **italienische Zichorien** und **Zuckerhut** in Anzuchtplatten aus.

- Machen Sie die **neuen Kartoffeln** nach Bedarf aus. Der richtige Zeitpunkt ist dann, wenn die Pflanze in voller Blüte steht, bevor die Blätter welk werden.
- Ernten Sie **Karotten**, **Salate**, **Endivien**, **Kohlrabi**, **Sommerradieschen und -rettiche**, **rote Bete** und **Zucchini** nach Bedarf. Ab Mitte Juli können auch **Tomaten**, **Auberginen** und **Gurken** geerntet werden.
- Säen Sie die letzten Bohnen aus, die als **Körnerbohnen** geerntet werden. **Buschbohnen** können noch bis zum Monatsende ausgesät werden.

15. bis 21. Juli

15 16

- Die Blätter der **Gewürzpflanzen** können weiter regelmäßig geerntet werden. Am besten pflücken Sie die Blätter vor der Blüte. Dann können sie für den Winter getrocknet und gelagert werden.

Meine Beobachtungen

KNOLLENFENCHEL „SELMA“

In einem kontinentalen Klima ist der Knollenfenchel ein kapriziöses Gemüse, das schnell in die Höhe schießt. Selma gehört zur schossfesten Knollenfenchelart Zefa Fino und kann mehrfach zwischen April und Juli ausgesät oder pikiert werden. Etwa zwei bis drei Mal pro Monat kann eine feste und fleischige Fenchelknolle geerntet werden, die sehr saftig ist und einen ausgeprägten anisähnlichen Geschmack hat.

15. bis 21. Juli

16

- Ernten Sie **Tomaten**, **Auberginen** und **Paprika** aus dem geschützten Anbau (die Ernte im Gewächshaus beginnt zwei bis drei Wochen vor der Ernte im Freiland).

17

- Säen Sie **Herbstblumenkohl** und **Steckrüben** für die Ernte im Oktober und November in Anzuchtplatten aus.

18

- Für die Aussaat von **glatter** und **krauser Endivie** sind von nun an nur noch die Herbstsorten zu verwenden, die robuster sind als die Sommersorten.

19

- Die **Salate** im Erdballen und die **glatten** und **krausen Endivien**, die zu Beginn des letzten Monats gesät wurden, können nun ins Freiland gesetzt werden.

20

- Machen Sie **Knoblauch**, **Zwiebeln** und **Schalotten** aus, sobald deren Blätter zur Hälfte vertrocknet sind. Lassen Sie die Knollen trocknen, bevor sie an einem kühlen Ort im Haus (Keller, Speicher oder Vorratsraum) eingelagert werden.

21

- Ernten Sie das nun reife Getreide **Weizen**, **Gerste** und **Roggen**. Verwahren Sie das Stroh, das im Herbst als Bodenabdeckung ausgebracht werden kann.

22. bis 28. Juli

22

- Topfen Sie im Gewächshaus die **mehrjährigen Kräuter** und **aromatischen Sträucher** um, die Sie im Juni ausgesät oder mit Stecklingen vermehrt haben.

23

24

- Beginnen Sie mit der Aussaat von **Feldsalat**, **Speiserüben** und **Spinat**.
- Die Aussaat von **Sommerkopfsalat** in Anzuchtplatten erfolgt weiterhin zwei Mal pro Monat.

25

- Säen Sie die letzten Sorten **Sommerradieschen und -rettiche** (Eiszapfen) sowie die ersten **Winterradieschen und -rettiche** (Langer Schwarzer Winter, Misato Green) direkt ins Freiland.

26

- Säen Sie regelmäßig **Schnittsalat** und **Pflücksalat** aus. Wenn die **Kopfsalate** aufgrund des sommerlichen Wechsels zwischen Trockenheit und Feuchtigkeit in die Höhe schießen, können Sie mit Schnitt- und Pflücksalat überbrücken.

27

- Ende Juli können Sie mit der Aussaat von **Frühlingszwiebeln** (Da Mazzi, Blanc de Vaugirard oder Freddy) und der **roten Zwiebel** anfangen.

28

29. Juli bis 4. August

29

30

- Entnehmen Sie zur Vermehrung der **Erdbeeren** die Ausläufer, die sich an der Mutterpflanze gebildet haben und setzen Sie diese in kleine Töpfe. Für eine optimale Wurzelbildung ist eine ausreichende Bewässerung erforderlich.

31

- Beginnen Sie mit der **Honigernte**, insbesondere mit der Blütenhonigernte.

Meine Beobachtungen

Gut zu wissen

ABFÄLLE ALS NEUE RESSOURCEN …

Ressourcenoptimierung und Abfallvermeidung gehören in der Permakultur zusammen. Dabei sind die organischen Abfälle gar kein Problem, da Sie diese durch die Kompostierung einfach wieder in einen neuen Anbauzyklus einbringen. Abfälle, wie Plastikverpackungen oder Styroporbehälter sind jedoch möglichst zu vermeiden, da diese im Garten nicht wiederverwendet werden können.

August

Die Gartenarbeiten im August

Machen Sie das Unkraut aus, bevor es zum Aussamen kommt. Bessern Sie, wenn erforderlich, Boden- und Strohabdeckung aus.

Mähen Sie den Sommergründünger und säen Sie den Herbstgründünger.

Gießen Sie bei großer Hitze vorzugsweise am Abend. Das gilt sowohl für die Pflanzen in Gewächshaus und Folientunnel, als auch für die Pflanzen im Freiland.

Kümmern Sie sich weiter um die Ernte. Alles, was nicht sofort verzehrt wird, kann eingefroren oder eingemacht werden. Alle neuen Pflanzungen sind für die Herbsternte gedacht.

Ernten Sie das Getreide je nach Reifegrad der Körner.

Gewürzpflanzen können den ganzen Sommer über geerntet werden. Entspitzen Sie die Kräuter, um zu vermeiden, dass diese in die Höhe schießen.

Führen Sie nach der Ernte der Sommerpfirsiche den letzten Grünschnitt durch. Bereiten Sie Sommermarmeladen zu und machen Sie den Rest in Einmachgläsern ein. Okulieren Sie die letzten Steinobstbäume und alle Kernobstbäume (auch Rosen werden jetzt veredelt).

Melonen und andere Gemüse, die besonders viel Wärme benötigen (Wassermelone, Melonenbirne, Cyclanthera, Bittermelone oder Limabohne), bleiben den ganzen Sommer über im Gewächshaus oder Folientunnel. Lassen Sie dort noch etwas Platz für die letzte sommerliche Aussaat und die Vermehrung mit Stecklingen in Anzuchtplatten.

Kümmern Sie sich um die letzte Honigernte des Sommers.

1 2 3 4

29. Juli bis 4. August

- Säen Sie einjährige, schnell wachsende Gewürzpflanzen aus, die nicht sehr kälteempfindlich sind, wie **Gartenkresse**, **Rucola** und **Kerbel**.

- Ernten Sie den **Knollenfenchel**, sobald er einen Durchmesser von fünf bis sechs Zentimetern erreicht hat. Sorgen Sie für eine ausreichende Bewässerung, damit der Fenchel nicht ungewollt in die Höhe schießt.
- Ernten Sie den Salat nach Bedarf: **Portulak**, **Sommerkopfsalat** sowie **Schnittsalat**, glatte und krause Endivie.
- Alles, was Sie nicht sofort verzehren, kann eingefroren oder eingemacht werden.

5 6 7 8 9 10 11

5. bis 11. August

- Ernten Sie den letzten **Knoblauch** sowie die letzten **roten** und **gelben Zwiebeln**.
- Setzen Sie die vor sechs Wochen ausgesäte Petersilie ins Freiland.

- Säen Sie **Chinakohl** (Pe-Tsai), alle **italienischen Zichorien** und **Zuckerhut** sowie **Salat** für die Herbsternte in Anzuchtplatten aus.

- **Sommerradieschen und -rettiche** können den ganzen Monat über geerntet werden.
- Sobald alle Blätter welk sind können Sie die letzten **Kartoffeln** ausmachen.
- Ernten Sie die reifen **Tomaten**, **Auberginen**, **Paprika**, **Zucchini**, **Sommerkürbisse** und **Gurken**.
- Prüfen Sie den Reifegrad der ersten **Zuckermaiskolben** (der Mais ist erntereif, wenn die Maiskörner gut ausgebildet, aber noch weich sind und wenn eine milchige Flüssigkeit austritt, wenn Sie ein Maiskorn mit dem Fingernagel eindrücken.

12 13 14 15 16

12. bis 18. August

- Säen Sie ein letztes Mal **glatte und krause Petersilie** in Anzuchtplatten aus. Sie wird dann im Herbst pikiert, und im Winter und Frühjahr geerntet.
- Beginnen Sie mit der Ernte der Melonen aus dem geschützten Anbau. Die **Melonen** müssen essreif sein und dürfen nicht zu lange liegen bleiben, da sie schnell an Geschmack verlieren. Ernten Sie das Gemüse im Folientunnel nach und nach, sobald es reif ist.

- Kümmern Sie sich um die letzte **Honigernte** des Sommers.

Meine Beobachtungen

Gut zu wissen

BIOLOGIE, ÖKOLOGIE UND AGRONOMIE

Die Permakultur beruht auf biologischen, ökologischen und agronomischen Daten. Sie liefert für Ihren Garten kein festes Regelwerk mit einer Garantie für eine reiche Ernte. Bei der Permakultur geht es vielmehr darum, die angewendeten Methoden jedes Jahr weiterzuentwickeln und für die Zukunft Lehren aus dem laufenden Gartenjahr zu ziehen.

AUGUST

12. bis 18. August

16 17 18

- Setzen Sie die **glatten** und **krausen Herbstendivien**, die Sie im letzten Monat ausgesät haben, sowie den **Zuckerhut** in Erdballen.
- Säen Sie weiter **Feldsalat** und **Spinat** ins Freiland aus. Diese Aussaat ist für die Ernte im Herbst und Winter bestimmt.
- Pflücken Sie nach Bedarf aber dennoch regelmäßig die reifen **Bohnen**. Alles, was nicht sofort verzehrt werden kann, wird eingefroren oder eingemacht.

19. bis 25. August

19 20 21 22 23 24 25

- Gießen Sie die **Melonen**, **Wassermelonen** und die anderen Pflanzen im Folientunnel, die in der Regel einen hohen Wasserbedarf haben.
- Prüfen Sie den Reifegrad der **Melonen** und ernten Sie jeweils die essreifen Früchte.

- Säen Sie **Rucola** und andere **Kreuzblütengewächse**, die als junge Triebe geerntet werden, wie der **braune Senf Bloody Mary**, **Pak Choi** oder **Komatsuna** ins Freiland aus.
- Säen Sie kältebeständige **weiße Zwiebeln** aus, die im Mai oder Juni des Folgejahres geerntet werden.

- Ernten Sie weiter die reifen **Feigen**, **Pfirsiche**, **Äpfel**, **Birnen** sowie die ersten **Pflaumen**.
- Schneiden Sie die **Kirsch-** und **Pflaumenbäume** zwischen dem 15. August und dem 15. September.

26. August bis zum 1. September

26 27 28 29 30 31

- Säen Sie die letzten **Herbstspeiserüben** sowie die **Winterradieschen und -rettiche** ins Freiland aus.

- Beginnen Sie mit den Pflanzungen der hoch- und niedrigwachsenden **Erdbeeren**. Diese Arbeit können Sie auch im September noch fortsetzen. In den nächsten vier Wochen ist die beste Zeit, um Erdbeerpflanzen einzusetzen, da nur wenig Pflege (Unkrautjäten und Gießen) erforderlich ist und im nächsten Frühjahr eine üppige Ernte zu erwarten ist.

- Ernten Sie **Hafer** und **Quinoa** (Quinoa sollte vor der vollständigen Reife geerntet werden, um zu verhindern, dass die Körner herausfallen).

- Säen Sie **Klee**, **Luzerne** und **Hafer** als Gründünger, wenn Sie dafür genügend Platz haben. Mähen und häckseln Sie die **Phazelie**.

Meine Beobachtungen

FEIGEN IM SOMMER – SOGAR IM NORDEN!

Einige Feigenvarietäten tragen im Sommer und Herbst Früchte. Andere Feigenvarietäten fruchten nur einmal pro Jahr, nämlich im Herbst. In der Normandie oder Bretagne werden am besten sehr widerstandsfähige Arten, die mehrfach fruchten, angebaut, wie Brown Turkey oder Ice Crystal. In Deutschland bedarf es viel Pflege Feigenbäume zu halten, ist aber nicht unmöglich. Einmal fruchtende Arten wie Pastilière tragen ab Ende August reife Früchte und wachsen auch im Kontinentalklima gut. Sie sorgen für einen regelmäßigen Ertrag und liefern sehr schmackhafte violette Feigen mit hellrotem Fruchtfleisch.

September

Die Gartenarbeiten im September

- Bereinigen Sie die Parzellen, auf denen das angebaute Gemüse am Ende seiner Anbauphase ausgemacht wurde. Bringen Sie zur Vorbereitung des Winters alten Mist oder Kompost auf die Böden aus, die Sie vorher mit einer Doppelgrabegabel bearbeitet haben.
- Säen Sie Herbstgründünger aus, wenn Sie kein organisches Material zum Ausbringen haben. Verwahren Sie das Herbstlaub oder geben Sie es, wie Mist oder Kompost, direkt auf den nackten Boden aus.
- Gießen Sie nach Bedarf, vorzugsweise am Morgen. Je nach Wetterlage variieren Häufigkeit und Menge der Niederschläge erheblich.
- Ernten Sie das reife Gemüse. Alles, was nicht sofort verzehrt wird, kann eingefroren oder eingemacht werden.
- Ernten Sie das letzte Frühjahrsgetreide und säen Sie das erste Herbstgetreide.
- Ernten Sie die letzten reifen Gewürzpflanzen. Trocknen Sie diese für den Winter.
- Ernten Sie die reifen Früchte. Das Obst, was nicht sofort verzehrt werden kann, wird zu Marmeladen weiterverarbeitet oder eingemacht. Schneiden Sie die Steinobstbäume sowie die niedrigwachsenden Brombeer- und Himbeersträucher.
- Mähen Sie die Blumenwiesen am Ende der Blütezeit.
- Bringen Sie die kälteempfindlichen jungen Pflanzen, die Sie im Sommer vermehrt haben, ins Gewächshaus. Beobachten Sie die Temperaturen und schließen Sie, bei zu niedrigen Temperaturen, nachts die Luken der Gewächshäuser.
- Die Bienen sind immer noch unterwegs. Die Honigernte neigt sich aber dem Ende zu.

1

- Ernten Sie die reifen **Feigen**, **Äpfel** und **Birnen** sowie die **Herbstpfirsiche**.

2. bis 8. September

2 3 4

- Zum Monatsanfang steht die dritte und damit letzte Aussaat von **glatter und krauser Petersilie** in Anzuchtplatten für die Winterernte an.
- Der freie Platz im Folientunnel kann für **Spinat**, dessen Blätter jung geerntet werden, und **Winterportulak** verwendet werden.

5 6

- Machen Sie bei trockenem Wetter die letzten **Lagerkartoffeln** aus.
- Beginnen Sie die Ernte von **Herbstblumenkohl und -weißkohl**.
- Säen Sie **Rucola** und andere **Kreuzblütengewächse, die als junge Triebe geerntet werden** (Mizuna, asiatischer Senfkohl, Pak Choi, Komatsuna usw.) ins Freiland aus.

7

- Die Körner von **Dill**, **Koriander** und **Anis** sind reif und können geerntet werden.

8

- Der September ist sowohl in den südlicheren als auch in den nördlicheren Regionen der Erntemonat für **Tafeltrauben** und **Feigen**.

9. bis 15. September

9 10 11

- Säen Sie im Frühbeet, Gewächshaus oder Folientunnel **Kerbel**, **asiatischen Kohl** und andere **Kreuzblütengewächse** aus, die als junge Triebe geerntet werden.
- Säen Sie **Frühlingsblumenkohl** und **Frühlingsspitzkohl** in Anzuchtplatten aus. Die Aussaat muss den Winter über im Gewächshaus bleiben und wird im März pikiert.

12 13 14

- Säen Sie **weiße Zwiebeln** oder **Frühlingszwiebeln** für die Ernte im Frühjahr aus.
- Säen Sie ein letztes Mal **Spinat** und **Feldsalat** für die Ernte im Frühjahr sowie die letzten **Herbstspeiserüben** aus.
- Teilen Sie die zwei- bis dreijährigen **Sauerampferstauden** (Schildampfer, Blutampfer, großer Sauerampfer von Belleville) und setzen Sie die neuen Pflanzen direkt ins Freiland ein. Gießen Sie die Pflanzen gut.

15

- Pflanzen Sie weiter neue hoch- und niedrigwachsende **Erdbeeren** für die Ernte im Frühjahr.

16

- Wenn Sie im Gemüsegarten freie Flächen zur Verfügung haben, können **Ölrübsen**, **Raps** oder **Gelbsenf** als Gründünger ausgesät werden.

Meine Beobachtungen

Gut zu wissen

DÜNGER ODER BODENVERBESSERUNGSMITTEL?

Ein Dünger liefert den Pflanzen die erforderlichen Mineralstoffe, wie Stickstoff, Phosphat und Kalium. Ein Bodenverbesserungsmittel liefert ebenfalls wichtige Nährstoffe, aber nicht nur! Die auf den Boden ausgebrachten organischen Substanzen werden mit der Zeit selbst zu Mineralstoffen und beeinflussen gleichzeitig die Bodenbeschaffenheit: Der Boden wird lockerer und kann besser Wasser speichern, das die Pflanzen so dringend brauchen.

16 17 18 19 20 21 22

16. bis 22. September

- Ernten Sie bis zu den ersten kühleren Tagen die Blätter und jungen Triebe von **Basilikum**, **Koriander** und **Dill**, die zum Frühlingsende bzw. im Sommer gesät wurden.

- Nutzen Sie die Flächen, die im Folientunnel frei werden, und säen Sie **asiatisches Gemüse**, bei dem die jungen Triebe geerntet werden, sowie **18-Tage-Radieschen** oder **Schnittsalat**.
- Topfen Sie die im Sommer gesäten oder mit Stecklingen vermehrten **Gewürzpflanzen** im geschützten Anbau um.

- Ernten Sie die letzten **Tomaten**, **Zucchini**, **Gurken** und den letzten **Zuckermais**.
- Die Ernte von **Auberginen** und **Paprika** wird noch bis zum ersten Frost fortgesetzt.
- Die **glatten** und **krausen Endivien** sowie die **Herbstsalate** werden nach Bedarf geerntet.

23 24 25 26 27 28 29

23. bis 29. September

- Bei **violettem Knoblauch** und **grauen Schalotten** handelt es sich um winterfeste Herbstzwiebelgewächse, die von jetzt an bis Oktober ins Freiland gesetzt werden können.

- Säen Sie den **Wintersalat Val d'Orge** in Anzuchtplatten aus und beenden Sie die **Kerbel**-Aussaat im Freiland, die für die Ernte zu Beginn des Winters gedacht ist.

- Ende September ist die beste Zeit für die Aussaat des **Knolligen Kälberkropfs** (bei Aussaat im Frühjahr muss Saatgut stratifiziert werden).
- Pflücken Sie die **Körnerbohnen**, sobald die Hülse zu vergilben beginnt. Am besten warten Sie dafür einen trockenen und sonnigen Tag ab.
- Durch wiederholtes Gießen bleibt der Boden kühl und Sie schaffen den Übergang zwischen den letzten **Sommerradieschen und -rettichen** und den ersten **Winterradieschen und -rettichen**.

- Ernten Sie **Hirse** und **Buchweizen**, sobald das Getreide erntereif ist und säen Sie den ersten **Weizen** und **Roggen**.

30

30. September bis 6. Oktober

- Prüfen Sie die **Honigvorräte** der Bienen, die für den Winter ausreichen müssen.
- Wenn die Vorräte pro Bienenstock unter 15 kg liegen, ergänzen Sie diese.

Meine Beobachtungen

WINTERKOPFSALAT VAL D'ORGE

Winterkopfsalat wird im September/Oktober ausgesät und im Oktober/November ausgepflanzt. Er bleibt den ganzen Winter über im Garten und bildet erst ab März einen Kopf aus. Es gibt verschiedene Arten Wintersalat. Der Val d'Orge ist eine der robustesten Arten. Bei starkem Frost müssen die Jungpflanzen jedoch mit einem Schutzvlies oder einer lockeren Strohschicht bedeckt werden.

Oktober

Die Gartenarbeiten im Oktober

- Lockern Sie mit der Doppelgrabegabel die freien Flächen auf und bringen Sie eine dicke Schicht Kompost oder kompostierten Mist aus.
- Geben Sie das Herbstlaub auf den Komposthaufen oder bringen Sie es als Bodenabdeckung aus. Säen Sie kälteunempfindliche Kreuzblütengewächse als Herbstgründünger und mähen Sie den Sommergründünger, der in der Zwischenzeit gut gewachsen ist.
- Leeren und verstauen Sie die Wasserschläuche.
- Ernten Sie nach Bedarf die robusten Gemüse, die noch draußen sind. Lagern Sie die Winterkürbisse im Keller und das nicht winterfeste Wurzelgemüse im Erdlager ein. Schützen Sie die Pflanzen, die die ersten kalten Nächte nicht gut vertragen, mit einem Überwinterungsvlies.
- Säen Sie das letzte Wintergetreide.
- Bereiten Sie für die nur bedingt winterharten Gewürzpflanzen den Kälteschutz vor.
- Ernten und lagern Sie die Lageräpfel und -birnen. Pflanzen Sie Obstbäume und -sträucher.
- Lüften Sie an einem Tag mit milden Temperaturen Gewächshaus und Folientunnel, um die Kondenswasserbildung so gering wie möglich zu halten. Gießen Sie nach Bedarf, vorzugsweise morgens.
- Bereiten Sie den Hühnerstall auf den Winter vor.
- Bei mildem Wetter sind die Bienen zum letzten Mal in diesem Jahr unterwegs. Kümmern Sie sich angesichts des nahenden Winters um die Auffütterung der schwächeren Bienenvölker.

30. September bis 6. Oktober

1

- Säen Sie **Gelbsenf**, **Raps** und **Ölrübsen** als Gründünger auf die nun freien Flächen des Sommeranbaus.

2

- Setzen Sie die Aussaat von **Petersilie**, **Kerbel** und **Gartenkresse** im geschützten Anbau fort, sodass Sie den ganzen Winter über ernten können.

3

- Pflücken Sie die noch grünen **Tomaten**, um diese im Haus reifen zu lassen. Lagern Sie die **Winterkürbisse** an einem trockenen und kältegeschützten Ort.

4

- Ernten Sie vor dem Kälteeinbruch den **Herbstblumenkohl**.
- Ernten Sie blattweise den ersten **Spinat** und wählen Sie dabei zunächst die am weitesten entwickelten Blätter.

5

6

- Fördern Sie das Eierlegen der Bienen mit **Zuckersirup** und setzen Sie mit Futter gefüllte Rähmchen in die Bienenbeuten, die nur wenig bestückt sind.

7. bis 13. Oktober

7

- Ernten Sie den **Körnermais** und beenden Sie die Aussaat von **Weizen**, **Gerste**, **Roggen** und **Triticale**.

8

- Beenden Sie die Aussaat des **Knolligen Kälberkropfs** im Freiland und verwenden Sie dazu das im August oder September geerntete Saatgut.

9

- Ernten Sie nach Bedarf den nun ausgewachsenen **Chinakohl**.
- Ernten Sie außerdem die **glatten** und **krausen Winterendivien**, die **italienischen Zichorien** (Di Verona, Di Chioggia oder Variégata di Lusia), den **Zuckerhut**, die **Winterradieschen und -rettiche** und den **Feldsalat**.

10

11

- Um den Bienen beim Überwintern zu helfen, können Sie die Bienen mit einem **Futterteig** füttern.

12

- Pflanzen Sie die letzten **Erdbeeren** für die Ernte im nächsten Frühjahr.
- Ernten Sie die reifen **Quitten**, **Äpfel** und **Birnen**, die im Keller oder in der Obstkammer eingelagert werden.

13

14. bis 20. Oktober

14

- Bringen Sie im Hühnerstall eine dicke Schicht Stroh aus, damit die Hühner nicht auf gefrorenem Boden laufen müssen.

15

- Sorgen Sie dafür, dass keine Zugluft im Hühnerstall entsteht. Achten Sie darauf, dass die Hühner jederzeit über frisches Wasser und Körner verfügen.

16

- Stellen Sie die Zitronenverbene im Topf oder Erdballen an einen kühlen aber frostgeschützten Ort.

Meine Beobachtungen

PE-TSAI (CHINAKOHL)

Die gewölbten und gewellten Blätter dieses Kohls greifen ineinander und wachsen in einer breiten Rosettenform. Nur die F1-Varietäten bilden zum Ende der Wachstumsphase einen runden oder länglichen Kopf mit einem dichten weißlich gefärbten Herz aus.

16
17
18
19
20

14. bis 20. Oktober

- Bringen Sie die Töpfe mit den Pflanzen, die Sie im Sommer eingesät oder mit Stecklingen vermehrt haben, sowie die großen Kübel mit den nicht so robusten Pflanzen wie **vietnamesischer Koriander**, **Stevia**, **Tulbaghia** oder das **Bohnenkraut De Douglas** in den geschützten Anbau.

- Ernten Sie vor dem ersten Frost die letzten **Paprika**, **Pimente** und **Auberginen**.
- Machen Sie **Winterkarotten**, **Speiserüben**, **Staudensellerie** und **rote Bete** aus und entfernen Sie die Blätter, bevor Sie das Gemüse im Keller oder Erdlager einlagern.

21
22
23
24
25
26
27

21. bis 27. Oktober

- Pflanzen Sie **Wintersalate** (Passion, Val d'Orge, Merveille d'Hiver) und ernten Sie die **jungen Triebe** und **Blätter** der Kreuzblütengewächse, die Sie im September im Gewächshaus ausgesät haben (Mizuna, asiatischer Kohl, Pak Choi, Komatsuna usw.).

- Angesichts der bevorstehenden kälteren Tage müssen die **Artischocken** durch Ausbringen von Mulch und Anhäufeln geschützt werden.
- Entnehmen Sie die ersten Wurzeln von **Chicorée** und **Kapuzinerbart**, um diese im Keller lichtgeschützt austreiben zu lassen.
- Bedecken Sie **Spinat**, **Feldsalat**, **Herbst- und Winterendivien** sowie verschiedene **Salate** mit einer Folie.

- Pikieren Sie die im letzten Monat ausgesäten Gewürzpflanzen **Petersilie** und **Kerbel** und teilen Sie einen Ballen **Schnittlauch** zum Umtopfen in mehrere Pflanzen auf. In Innenräumen oder im Wintergarten aufbewahrt, können die Kräuter im Winter geerntet werden.
- Pflanzen Sie letztmalig **violetten Knoblauch** und **graue Schalotten**.

28
29
30
31

28. Oktober bis 3. November

- Stabilisieren Sie die Bienenbeuten und befestigen Sie ein **Gitter zum Schutz** vor kleinen Nagetieren.

- Schützen Sie die **Petersilie im Freiland** mit einem beweglichen Frühbeet.
- Bedecken Sie die **Petersilie** mit einem Gartenvlies, um auch im Winter noch ernten zu können.

Meine Beobachtungen

WIESO UMGRABEN ...

... wenn man sich die Arbeit gar nicht machen muss? Durch die natürliche Zersetzung der organischen Substanzen wird der Boden locker und gut durchlüftet. Wenn Sie mehrere Jahre lang Kompost oder kompostierten Mist ausbringen, wird der Boden so weich wie Waldboden, sodass es gar nicht mehr erforderlich ist, den Boden zu bearbeiten.

November

Die Gartenarbeiten im November

Setzen Sie die Bereinigung der Flächen fort, auf denen Pflanzen angebaut wurden, deren Anbauphase zu Ende ist, und lockern Sie mit der Doppelgrabegabel die freien Flächen auf, bevor Sie Kompost oder kompostierten Mist ausbringen.

Leeren Sie die Wassertonnen und die Wasserschläuche, die durch den Winterfrost beschädigt werden können.

Ernten Sie nach Bedarf die robusten Gemüsearten, die noch draußen sind, und lagern Sie die restlichen frostempfindlichen Wurzelgemüse im Keller oder Erdlager ein. Lassen Sie regelmäßig kleinere Mengen Chicorée und Kapuzinerbart austreiben.

Schützen Sie alle kälteempfindlichen Pflanzen oder bringen Sie diese je nach Art in Folientunnel, Gewächshaus, Keller, Wintergarten oder ungeheizten Räumen unter.

Schneiden Sie die Kernobstbäume solange die Temperaturen über dem Gefrierpunkt liegen und setzen Sie die Pflanzungen von Obstbäumen und -sträuchern fort. Ausgenommen davon sind Feigenbäume, Kiwisträucher und Weinstöcke, die unter den Wetterbedingungen im Winter leiden könnten.

Dichten Sie den unteren Bereich des Folientunnels mit gehäckseltem Stroh ab, damit kein Wind eindringen kann und verstärken Sie die Styropor- oder Glasplatten des Gewächshauses mit Luftpolsterfolie. Lüften Sie das Gewächshaus, wann immer es das Wetter zulässt, um die Kondenswasserbildung so gering wie möglich zu halten und Pilzbefall zum Ende des Gartenjahres zu vermeiden.

Die Hühner beziehen ihr Winterquartier.

Bei Temperaturen unter 12 °C fliegen die Bienen nicht mehr. An den Bienenstöcken fällt keine Arbeit an.

NOVEMBER

28. Oktober bis 3. November

1
2
3

- Wenn noch nicht geschehen, lagern Sie die frostempfindlichen **Wurzelgemüse** wie **rote Bete**, **Knollensellerie**, **Steckrüben** und **Speiserüben** im Keller oder Erdlager ein.

- Eine **Handvoll trockenes Brot** mit ein paar in feine Streifen geschnittenen **Kohl- oder Salatblättern** ergeben ein reichhaltiges Futter, mit dem die Hühner der Kälte besser standhalten können.

4. bis 10. November

4
5
6
7
8
9
10

- Ernten Sie weiterhin **Petersilie**, den **Kerbel Massa**, alle asiatischen Kohlarten und die anderen **Kreuzblütengewächse, die als junge Triebe geerntet werden**.
- Ernten Sie außerdem nach Bedarf und Reifegrad **Spinat**, **glatte und krause Winterendivien**, **italienische Zichorien** und **Winterportulak** aus dem geschützten Anbau.

- Lagern Sie die restlichen frostempfindlichen **Wurzelgemüse** wie **rote Bete**, **Knollensellerie**, **Steckrüben** und **Speiserüben** sowie die ausgefallenen Knollengewächse, wie **knollige Kapuzinerkresse**, **Yaconknolle** oder **knolliger Sauerklee** im Keller oder Erdlager ein.
- Lassen Sie weiter regelmäßig **Chicorée** und **Kapuzinerbart** im Keller austreiben.

- Schneiden Sie, wenn die Wetterlage dies erlaubt, die fruchttragenden Zweige von **Apfel- und Birnbäumen**, die drei Jahre alt sind oder älter, um den Fortbestand der Fruchtbildung zu sichern.

11. bis 17. November

11
12
13
14
15
16

- Säen Sie **Gartenkresse** im geschützten Anbau. Pflanzen Sie die letzten **Wintersalate**.
- Halten Sie für den Fall eines starken Temperatureinbruchs einen **zusätzlichen Schutz** für die Pflanzen im geschützten Anbau bereit, zum Beispiel ein Gartenvlies (mit 17 g/cm^2) oder ein Überwinterungsvlies (mit 28 oder 30 g/cm^2).
- Öffnen Sie bei trockenem Wetter mit Temperaturen über dem Gefrierpunkt die Luken von Frühbeet, Gewächshaus oder Folientunnel einen Spalt, um **Temperatur und Feuchtigkeit zu regulieren**. Fallen die Temperaturen, dann müssen die Luken tagsüber und nachts geschlossen bleiben.

- Ernten Sie weiter **Feldsalat**, **Spinat**, **roten und grünen Kopfkohl** sowie letztmalig **Brokkoli** und **Herbstblumenkohl** und erstmalig **Rosenkohl** und **Winterlauch**.

Meine Beobachtungen

DER KERBEL MASSA

Kerbel und Petersilie sind sich zum Verwechseln ähnlich. Besonders bei den dreieckigen und filigran eingeschnittenen grünen Blättern gibt es eine große Ähnlichkeit. Aber der leichte Anisgeschmack verleiht dem Gewürzkraut Kerbel eine ganz eigene Note. Die Varietät Massa kann Kälte gut vertragen. Sie schießt nicht so schnell und hat dadurch eine längere Erntezeit.

NOVEMBER

11. bis 17. November

16

17

- Schützen Sie **Herbstendivien**, **Karotten**, **Knollenziest**, **Schwarzwurzel**, **Haferwurzel** und **Pastinaken** mit einem Gartenvlies vor der nahenden Kälte: Noch besser eignet sich eine dicke Schicht Stroh.

18. bis 24. November

18

19

20

21

22

23

24

- Im Gewächshaus befinden sich nun die jungen, **mehrjährigen Gewürzpflanzen** und **Sträucher**, die in der zweiten Hälfte des Sommers gesät oder mit Stecklingen vermehrt und im August oder September umgetopft wurden.

- Nutzen Sie die letzte Gelegenheit, um **violetten Knoblauch** und **graue Schalotten** zu pflanzen. Schützen Sie **Petersilie**, **Kerbel** und **Sauerampfer** im Freiland vor der Kälte.
- Beobachten Sie die **Zitronenverbene** und die anderen frostempfindlichen Kräuter im Topf, die vor starkem Winterfrost geschützt stehen.
- Schützen Sie die **Lorbeer-**, **Rosmarin- und Estragonpflanzen** mit einer Schicht Stroh oder trockenem Laub.
- Wählen Sie einen passenden Standort für die **mehrjährigen Gewürzpflanzen** oder **Knollengewächse**, deren oberirdische Pflanzenteile in den kommenden Wochen verschwinden.

- Das Wasser im Trog darf nicht frieren. Geben Sie nach Bedarf zweimal pro Tag etwas **lauwarmes Wasser** hinzu.
- Erneuern Sie die Streu im Stall mindestens einmal pro Monat. Ist ein Nest verschmutzt, dann tauschen Sie das Stroh sofort aus.

25. November bis 1. Dezember

25

26

27

28

29

30

- Schützen Sie die **Artischocken** durch Ausbringen von Stroh und Anhäufeln. Dazu eignet sich vor allem das Herbstlaub sehr gut.
- Ernten Sie nach Bedarf den **Rosenkohl**. Beginnen Sie unten.

- Pflanzen Sie wurzelnackte Obstbäume (**Apfel**, **Birne**, **Quitte**, **Kirsche**, **Pflaume**, **Aprikose** und **Pfirsich**).
- Pflanzen Sie auch Kleinobststräucher, wie **rote und schwarze Johannisbeeren**, **Himbeeren** und **Brombeeren**. Kälteempfindliche Pflanzen, wie **Tafeltrauben**, **Kiwi** und **Feigen**, können erst im Frühjahr gepflanzt werden.
- Entnehmen Sie Edelreiser von **Apfel- und Birnbäumen**, **Pflaumen- und Kirschbäumen**, um die Obstbäume im Frühjahr veredeln zu können.

Meine Beobachtungen

Gut zu wissen

DIE BODENQUALITÄT: ARM ODER REICH?

Wenn ein Boden verarmt, dann haben Sie ein Problem! Denn für den Anbau von Pflanzen benötigen Sie Böden mit einem mindestens gleichbleibenden agronomischen Potenzial. Die Permakultur geht aber noch einen Schritt weiter. Durch die besonderen Anbaumethoden und die systematische Verwendung von organischen Bodenverbesserungsmitteln wie Kompost, kompostiertem Mist oder Stroh, wird ein positiver agronomischer Kreislauf geschaffen. Je stärker Sie das Prinzip der Permakultur anwenden, desto größer ist das Potenzial Ihrer Böden.

Dezember

Die Gartenarbeiten im Dezember

- Beenden Sie die Bodenbearbeitung und bringen Sie auf die mit der Doppelgrabegabel aufgelockerten Böden Mist oder Kompost aus.
- Alle Wasserleitungen für die Bewässerung müssen geleert sein. Leeren Sie auch die Wassertonnen, damit diese bei Frost nicht beschädigt werden.
- Ernten Sie nach Bedarf die robusten Gemüse im Freiland. Schützen Sie, wenn erforderlich, die Pflanzen im Freiland und lassen Sie die empfindlicheren Pflanzen im geschützten Anbau.
- Bringen Sie die mehrjährigen Gewürzpflanzen und Sträucher, die im Juni ausgesät oder durch Stecklinge vermehrt und im August und September umgetopft wurden, zum Schutz vor der Kälte in den geschützten Anbau. Ergreifen Sie die letzten Frostschutzmaßnahmen.
- Achten Sie auf eine gute Isolierung von Gewächshaus und Folientunnel.
- Beobachten Sie die Bienenstöcke, ohne die Bienen zu stören.

1

- Prüfen Sie die Stroh- oder Laubschicht, die Sie über dem **Wintergemüse** als Frostschutz ausgebracht haben.

2. bis 8. Dezember

2

3

- Sehen Sie nach den im Keller oder Erdlager eingelagerten **Kartoffeln**, **Speiserüben**, Steckrüben, Knollensellerie und den anderen Wurzelgemüsen.
- Prüfen Sie auch die eingelagerten **Kürbisse**, zum Beispiel die Kürbisse **Galeuse d'Eysine**, **Hokkaido** und **Butternut**.

4

5

- Beenden Sie die Isolierung des Gewächshauses, indem Sie Luftpolsterfolie an den Wänden des Gewächshauses befestigen.

6

- Liegen die Temperaturen über 12 °C, dann lüften Sie das Gewächshaus ein bis zwei Stunden am Tag, um die Kondenswasserbildung so gering wie möglich zu halten, aber schließen Sie die Lüftungsklappen nachts. Bei kälteren Temperaturen müssen die Lüftungsklappen immer geschlossen bleiben.

7

8

- Überprüfen Sie den Frostschutz von **Absinth**, **Estragon** und **Bohnenkraut** sowie der empfindlichen mehrjährigen Gewürzpflanzen und Kräuter im Freiland.

9. bis 15. Dezember

9

10

- Steht laut Wettervorhersage ein Temperatursturz an, dann verstärken Sie die Schicht aus trockenem Stroh oder Strohmist, die Sie für die **Artischocken** ausgebracht haben.

11

12

- Bei starkem Schneefall muss der Schnee von den Gewächshäusern aus Leichtbauweise zeitnah entfernt werden, damit diese nicht unter dem Gewicht nachgeben.

13

14

- Die meisten **mehrjährigen Gewürzpflanzen**, die nur bedingt winterhart sind, benötigen nur einen minimalen Frostschutz. Um **Lorbeer** und **Rosmarin** müssen Sie sich hingegen etwas intensiver kümmern. Schützen Sie die Stauden mit einer Reisstrohmatte, die mit einer Kordel oder einem Drahtzylinder fixiert wird und mit trockenem Herbstlaub gefüllt wird.

15

- Bedecken Sie bei Frost den Stamm von **Estragon** und **Winterzwiebeln** mit einer Schicht aus trockenem Herbstlaub. Die oberirdischen Pflanzenteile werden mit Reisstrohmatten geschützt.

16

Meine Beobachtungen

DER KÜRBIS GALEUSE D'EYSINES

Diese alte Kürbisvarietät stammt eigentlich aus dem französischen Südwesten. Die hellrosa gefärbte Haut ist mit spektakulären Verkorkungen bedeckt, die dem Kürbis ein etwas herbes aber sehr typisches Aussehen verleihen. Unter der Haut verbirgt sich ein gelb-orangefarbenes Fleisch mit einem besonders milden und süßen Geschmack. Diese Kürbisvarietät kann im Winter sehr gut eingelagert werden. Bei Temperaturen zwischen 10 und 15 °C hält sie sich bis Februar oder März.

DEZEMBER

16. bis 22. Dezember

16 17 18 19 20 21 22

- Achten Sie darauf, dass im Hühnerstall kein Luftzug entsteht. Geben Sie den Hühnern ein Futter mit angemessenem Nährwert und behalten Sie den Wassertrog im Blick.

- Pflücken Sie noch den ganzen Monat über **Petersilie**, **Kerbel**, **asiatischen Kohl**, **Spinat**, die winterharten **glatten** und **krausen Winterendivien**, die **italienischen Zichorien** und die ersten Blätter des **Winterportulaks**.
- Bei Temperatureinbrüchen bedecken Sie die im Sommer im Folientunnel eingesäten oder mit Stecklingen vermehrten Pflanzen mit einem **Überwinterungsvlies** oder **gehäckseltem Stroh**.

- Mulchen Sie die Stämme der nur bedingt winterharten Gewürzpflanzen und ergreifen Sie die letzten erforderlichen Frostschutzmaßnahmen.

- Beobachten Sie die im Keller oder in der Obstkammer eingelagerten Früchte und entsorgen Sie die verdorbenen Früchte.

23. bis 29. Dezember

23 24 25 26 27 28 29

- Ernten Sie nach Bedarf **Grünkohl**, **Wirsing** und **Rosenkohl** aus dem Freiland sowie **Lauch**, **Topinambur**, **winterharte Karotten** und **Knollenziest**.
- In einem milden Winter reicht ein einfaches Gartenvlies, wie es zum Vortreiben genutzt wird, um auch weiterhin den im Freiland überwinterten **Spinat** und **Feldsalat** ernten zu können. Bei kälteren Temperaturen können Sie zusätzlich eine dicke Schicht trockenes Stroh ausbringen, die Sie für die Ernte einfach hochheben können.

- Wenn Sie **Lauch** und **Wirsing** unter dem Folientunnel in Erde einschlagen, können Sie das Gemüse bei Bodenfrost einfacher ausmachen. Wenn die Temperaturen laut Wettervorhersage stark sinken, dann geben Sie entsprechend der angekündigten Temperaturen eine mehr oder weniger dicke Schicht trockenes Stroh darüber.

30. Dezember bis 05. Januar

30 31

- Entnehmen Sie die letzten Edelreiser von **Apfel- und Birnbäumen** sowie **Pflaumen- und Kirschbäumen**, um diese im nächsten Frühjahr zu veredeln.

Meine Beobachtungen

DER WALD – UNSER VORBILD

In unseren Breitengraden ist der Wald ein Musterbeispiel für ein natürliches Ökosystem. Die Bäume verlieren jedes Jahr im Herbst ihre Blätter, die durch die Makro- und Mikroorganismen des Bodens zerkleinert werden, sich zersetzen und damit im folgenden Frühjahr zur jahreszeitlichen Erneuerung beitragen. All das geschieht ohne Dünger, Bodenbearbeitung, Bewässerung, Behandlung oder Unkrautbekämpfung. Der Wald ist das Vorbild für Permakulturgärten.

TABELLE FÜR DIE ANBAUPLANUNG

Gemüse: Tabelle zur Saat- und Pflanzzeit

- Aussaat ins Freiland
- Aussaat in Anzuchtplatten
- Pflanzung ins Freiland

	J	F	M	A	M	J	J	A	S	O	N	D
Wurzelgemüse												
Karotte			Aussaat ins Freiland			Aussaat ins Freiland						
Rote Bete				Aussaat in Anzuchtplatten		Pflanzung ins Freiland						
Knollensellerie			Aussaat in Anzuchtplatten		Pflanzung ins Freiland	Pflanzung ins Freiland						
Weiße Rübe			Aussaat ins Freiland				Aussaat ins Freiland	Aussaat ins Freiland				
Saatzwiebeln			Aussaat ins Freiland					Aussaat ins Freiland				
Steckzwiebeln		Pflanzung ins Freiland	Pflanzung ins Freiland									
Kartoffeln				Pflanzung ins Freiland	Pflanzung ins Freiland							
Frühjahrsradieschen und -rettiche			Aussaat ins Freiland	Aussaat ins Freiland								
Sommerradieschen und -rettiche					Aussaat ins Freiland	Aussaat ins Freiland						
Stangengemüse												
Spargel				Pflanzung ins Freiland								
Kohlrabi			Aussaat in Anzuchtplatten	Pflanzung ins Freiland	Aussaat in Anzuchtplatten	Pflanzung ins Freiland	Aussaat in Anzuchtplatten	Pflanzung ins Freiland				
Knollenfenchel					Aussaat in Anzuchtplatten	Pflanzung ins Freiland	Aussaat in Anzuchtplatten	Pflanzung ins Freiland				
Lauch				Aussaat in Anzuchtplatten	Aussaat in Anzuchtplatten	Pflanzung ins Freiland	Pflanzung ins Freiland					
Rhabarber			Pflanzung ins Freiland									
Blattgemüse												
Staudensellerie			Aussaat in Anzuchtplatten		Pflanzung ins Freiland	Pflanzung ins Freiland						
Glatte Sommer- und Herbstendivie				Aussaat in Anzuchtplatten	Pflanzung ins Freiland							
Krause Sommer- und Herbstendivie						Aussaat in Anzuchtplatten	Pflanzung ins Freiland					
Rosenkohl			Aussaat in Anzuchtplatten	Aussaat in Anzuchtplatten	Pflanzung ins Freiland	Pflanzung ins Freiland						
Kopfkohl			Aussaat in Anzuchtplatten	Aussaat in Anzuchtplatten	Pflanzung ins Freiland							
Wirsing			Aussaat in Anzuchtplatten	Aussaat in Anzuchtplatten	Pflanzung ins Freiland	Pflanzung ins Freiland						
Rotkohl			Aussaat in Anzuchtplatten	Aussaat in Anzuchtplatten	Pflanzung ins Freiland							
Gartenkresse								Aussaat ins Freiland				
Chicorée					Aussaat ins Freiland							
Spinat			Aussaat ins Freiland					Aussaat ins Freiland	Aussaat ins Freiland			
Kopfsalat (Frühjahr)		Aussaat in Anzuchtplatten	Pflanzung ins Freiland	Aussaat in Anzuchtplatten	Pflanzung ins Freiland							
Kopfsalat (Sommer)					Aussaat in Anzuchtplatten	Pflanzung ins Freiland	Aussaat in Anzuchtplatten	Pflanzung ins Freiland				
Kopfsalat (Herbst)								Aussaat in Anzuchtplatten	Pflanzung ins Freiland			
Schnittsalat				Aussaat ins Freiland		Aussaat ins Freiland		Aussaat ins Freiland				

	J	F	M	A	M	J	J	A	S	O	N	D
Feldsalat												
Löwenzahn												
Rucola												
Blütengemüse												
Artischocke												
Brokkoli												
Sommer- und Herbstblumenkohl												
Fruchtgemüse												
Aubergine												
Gurke												
Verschiedene große Kürbisse												
Moschuskürbis												
Zucchini und Patisson												
Buschbohnen und Zwergbuschbohnen												
Stangenbohnen und Zwergstangenbohnen												
Melone												
Zuckererbsen												
Paprika												
Tomate												
Samengemüse												
Saubohne												
Erbsen												
Körnerbohnen (Buschbohnen)												
Körnerbohnen (Stangenbohnen)												

Gewürzpflanzen: Tabelle zur Saat- und Pflanzzeit

Aussaat ins Freiland | Aussaat in Anzuchtplatten | Pflanzung ins Freiland

Verfügbarkeit der wichtigsten Gewürzpflanzen	J	F	M	A	M	J	J	A	S	O	N	D
Knoblauch (je nach Sorte)		Pflanzung ins Freiland	Pflanzung ins Freiland							Pflanzung ins Freiland	Pflanzung ins Freiland	
Dill				Aussaat ins Freiland		Aussaat ins Freiland		Aussaat ins Freiland				
Basilikum (verschiedene Arten)				Aussaat in Anzuchtplatten	Pflanzung ins Freiland	Pflanzung ins Freiland						
Echter Kerbel			Aussaat ins Freiland						Aussaat ins Freiland			
Schnittlauch		Pflanzung ins Freiland	Pflanzung ins Freiland			Aussaat in Anzuchtplatten	Aussaat in Anzuchtplatten		Pflanzung ins Freiland			
Koriander (Blätter)						Aussaat ins Freiland						
Koriander (Samen)				Aussaat ins Freiland	Aussaat ins Freiland	Aussaat ins Freiland						
Gartenkresse				Aussaat ins Freiland		Aussaat ins Freiland		Aussaat ins Freiland				
Schalotten (je nach Sorte)		Pflanzung ins Freiland	Pflanzung ins Freiland						Pflanzung ins Freiland			
Estragon				Pflanzung ins Freiland	Pflanzung ins Freiland							
Eisenkraut				Pflanzung ins Freiland								
Echter Lorbeer				Pflanzung ins Freiland								
Echter Lavendel				Pflanzung ins Freiland								
Liebstöckel			Pflanzung ins Freiland									
Majoran				Pflanzung ins Freiland								
Melisse				Pflanzung ins Freiland								
Minze				Pflanzung ins Freiland								
Oregano				Pflanzung ins Freiland								
Glatte Petersilie			Aussaat in Anzuchtplatten	Pflanzung ins Freiland		Aussaat in Anzuchtplatten	Pflanzung ins Freiland		Aussaat ins Freiland	Pflanzung ins Freiland		
Krause Petersilie			Aussaat in Anzuchtplatten	Pflanzung ins Freiland		Aussaat in Anzuchtplatten	Pflanzung ins Freiland		Aussaat ins Freiland	Pflanzung ins Freiland		
Piment			Aussaat in Anzuchtplatten		Pflanzung ins Freiland							
Meerrettich			Pflanzung ins Freiland	Pflanzung ins Freiland								
Rosmarin				Pflanzung ins Freiland								
Einjähriges und mehrjähriges Bohnenkraut				Pflanzung ins Freiland								
Echter Salbei und Salbei-Kultivare				Pflanzung ins Freiland								
Sand-Thymian				Pflanzung ins Freiland								
Stevia					Pflanzung ins Freiland							
Echter Thymian und Thymian-Kultivare				Pflanzung ins Freiland								
Zitronenverbene				Pflanzung ins Freiland	Pflanzung ins Freiland							

Obst: Tabelle zur Pflanz- und Erntezeit

Pflanzung Ernte

Verfügbarkeit der wichtigsten Früchte	J	F	M	A	M	J	J	A	S	O	N	D
Obstbäume												
Aprikose (je nach Varietät)							Ernte	Ernte		Pflanzung		
Kirsche (je nach Varietät)					Ernte	Ernte	Ernte			Pflanzung		
Quitte									Ernte	Pflanzung		
Feige (je nach Varietät)						Ernte	Ernte	Ernte				
Walnuss									Ernte	Pflanzung		
Pfirsich (je nach Varietät)					Ernte	Ernte	Ernte	Ernte	Pflanzung			
Birne (je nach Varietät)						Ernte	Ernte	Ernte	Ernte	Pflanzung		
Apfel (je nach Varietät)						Ernte	Ernte	Ernte	Ernte	Pflanzung		
Pflaume (Zwetschge, Mirabelle und Reineclaude)							Ernte	Ernte	Pflanzung			
Obststräucher												
Schwarze Johannisbeere						Ernte				Pflanzung		
Himbeere (niedrigwachsend)			Pflanzung			Ernte				Pflanzung		
Himbeere (hochwachsend)						Ernte	Ernte	Ernte	Ernte	Pflanzung		
Großbeerige Erdbeeren (niedrigwachsend)			Pflanzung		Ernte	Ernte			Pflanzung			
Großbeerige Erdbeeren (hochwachsend)						Ernte	Ernte	Ernte	Pflanzung			
Rote Johannisbeere			Pflanzung			Ernte				Pflanzung		
Stachelbeere			Pflanzung			Ernte				Pflanzung		
Kiwi			Pflanzung	Pflanzung						Ernte		
Brombeere			Pflanzung				Ernte			Pflanzung		
Haselnuss									Ernte	Pflanzung	Pflanzung	

Gewürzpflanzen – Vermehrung durch verholzte Stecklinge

Im geschützten Anbau (orange) | Anbau im Freiland (grün)

Gewürzpflanze	Entnahme der Stecklinge	Pflanzung
Echter Lorbeer	Juli	April
Echter Lavendel	Juli oder August	April
Rosmarin	Juli oder August	April
Mehrjähriges Bohnenkraut	Juli oder August	April
Salbei-Varietäten	Juli oder August	April
Stevia	Juli	Mai
Thymian und Sand-Thymian	Juli oder August	April
Zitronenverbene	Juli oder August	April oder Mai

Gewürzpflanzen – Vermehrung durch Teilung

Im geschützten Anbau (orange) | Anbau im Freiland (grün)

Gewürzpflanze	Zeitpunkt der Teilung	Pflanzung
Schnittlauch und Frühlingszwiebel	März	April
Estragon	April	Mai
Liebstöckel	Februar oder März	April
Melisse	März	April
Minze	März	April

VERZEICHNIS

A

B

C

D

E

F

G

H

Impressum

HEEL Verlag GmbH
Gut Pottscheidt
53639 Königswinter
Tel.: 02223 9230-0
Fax: 02223 9230-13
E-Mail: info@heel-verlag.de
www.heel-verlag.de

4. Auflage 2025

ISBN 978-2-81531-233-2

Rustica:
B&G: S. 6, 8, 10, 21
F. Boucourt: S. 15, 69, 116
E. Brenčklé: S. 17, 35, 55, 79, 87, 113
P. Kadijevic: S. 38
F. Marre: S. 5, 26, 49, 58-59, 63, 64-65, 73, 91, 97, 105, 115
C. Hochet: S. 36, 85, 93, 103
A. Petzold: S. 40-41, 43, 51, 99
V. Quéant: S. 3, 45, 46-47, 52-53, 67, 70-71, 100-101
iStock: S. 57, 61, 75, 76-77, 81, 82-83, 88-89, 94-95, 109, 111
Shutterstock: S. 106-107
The noun project (Nikita Kozim und Bacon Designs): Wetterpiktogramme

Deutsche Ausgabe:
Coverdesign: Axel Mertens
Layout: Ralph Handmann
Lektorat: Hannah Kwella
Übersetzung: Lena Schmitz
Coverbilder: Adobe Stock: Anke Thomass, Benshot, Christine Kuchem, Ingairis

Printed in Slovenia

ISBN 978-3-95843-950-4